L²⁷ n° 13698

L'HOMME
AU MASQUE DE FER.

Se trouve à Paris,

Chez { PEYTIEUX, libraire, galerie Delorme.
DELAUNAY, libraire, Palais-Royal.
PONTHIEU, Id.

L'HOMME
AU MASQUE DE FER,

MÉMOIRE HISTORIQUE,

OU L'ON REFUTE LES DIFFÉRENTES OPINIONS RELATIVES A CE PERSONNAGE MYSTÉRIEUX, ET OU L'ON DÉMONTRE QUE CE PRISONNIER FUT UNE VICTIME DES JÉSUITES.

PAR FEU LE CHEVALIER DE TAULÈS,
ANCIEN CONSUL GÉNÉRAL EN SYRIE;

SUIVI D'UNE CORRESPONDANCE INÉDITE DE VOLTAIRE AVEC M. DE TAULÈS SUR LE SIÈCLE DE LOUIS XIV, LE TESTAMENT POLITIQUE DU CARDINAL DE RICHELIEU, ETC.

PARIS,

IMPRIMERIE DE GAULTIER-LAGUIONIE,
HÔTEL DES FERMES.

1825.

PRÉFACE

DE L'ÉDITEUR.

Au moment où le public français, dominé par des pensées graves, montre un empressement si marqué pour les études historiques, il accueillera sans doute avec bienveillance un mémoire qui a pour but d'éclaircir enfin le point le plus obscur de l'Histoire Moderne : nous voulons parler de l'anecdote du *fameux Masque de Fer.* D'innombrables écrivains, parmi lesquels on remarque Voltaire, Saint-Foix, Lagrange-Chancel, le duc de Nivernois, Lenglet-Dufresnoy, le père Griffet, Renneville, Linguet, Dussaulx, Roux-Fazillac, Mme Campan, M. Dulaure et MM. Berville et Barrière, ont déjà publié sur ce sujet leurs conjectures. Le ministre Fouquet, le duc de Lauzun, le marquis de Montmouth, le duc de Vermandois, le duc de Beaufort, le piémontais Mathioly, ont tour-à-tour été couverts du fameux *masque;* quelques auteurs même sont allés jusqu'à supposer qu'il cachait un héritier du trône, un frère aîné de Louis XIV, privé violemment de l'héritage de ses pères, et l'on ne peut disconvenir que cette version romanesque prévaut encore dans l'esprit du peuple qui habite la contrée où ce personnage fut d'abord détenu, les îles Sainte-Marguerite. Tant est juste et vraie cette pensée de Saint-Évremond, *qu'il n'y a rien que l'esprit humain reçoive avec autant de plaisir que l'opinion des choses merveilleuses, et qu'il laisse avec plus de peine et de regret!*

Le mémoire de M. le chevalier de Taulès vient détruire toutes les suppositions qu'on avait formées jusqu'à ce jour sur le *Masque de Fer*. Il offre sur cette aventure des détails appuyés sur des preuves et sur des raisonnements qui, à nos yeux, ont le caractère de l'évidence; il nous eût été facile de donner à ce mémoire une forme plus méthodique; nous avons préféré lui conserver celle qu'il a reçue de la main de l'auteur. Le lecteur y reconnaîtra mieux la route qu'a suivie M. de Taulès pour parvenir à une découverte qui nous paraît devoir fixer les irrésolutions du public sur ce point mystérieux de notre histoire.

Il est remarquable que cette révélation, faite au public au moment où le rétablissement des jésuites alarme tant de bons esprits, est un nouvel acte d'accusation porté contre cette société célèbre. Le témoignage de M. de Taulès doit être distingué parmi tous les autres; ce n'est point ici un homme de parti que des passions ou des intérêts politiques ont pu aveugler; c'est un ami sincère de la vérité, qui, comme le veut Bernardin de Saint-Pierre, l'a cherchée avec un cœur simple, et qui, en la déposant dans un écrit trouvé à côté de son testament, a cru servir la mémoire de ses rois, et la cause de leur dynastie, à laquelle il était profondément dévoué; si sa déposition est contraire aux jésuites, c'est que les jésuites se sont trouvés sur son chemin. En un mot, ce sont ici les faits qui les accusent, et non pas l'écrivain.

PRÉFACE

Nous avons cru devoir joindre à la publication du *Masque de Fer* celle de la correspondance de Voltaire avec M. de Taulès. Cette correspondance, entièrement inédite, offre un assez grand nombre de lettres du vieillard de Ferney, non moins remarquables par l'intérêt des détails qu'elles renferment, que par les graces du style. On y trouvera des discussions importantes sur le fameux testament politique du cardinal de Richelieu, ouvrage supposé suivant Voltaire, dont M. de Taulès a vivement combattu l'opinion. On y verra enfin que M. de Taulès a rectifié beaucoup de faits, que les premières éditions *du Siècle de Louis XIV* présentaient d'une manière inexacte, et la déférence que Voltaire montrait pour ses avis, son empressement à lui demander de nouvelles lumières, prouveront à la fois l'amour du grand homme pour la vérité et l'estime que lui avait inspirée l'esprit judicieux de M. de Taulès.

La notice biographique qu'on va lire, et dont tous les détails ont pour garants les autorités les moins suspectes, achèvera, nous n'en doutons pas, de donner au lecteur l'opinion la plus favorable du caractère de M. de Taulès.

NOTICE

SUR LA VIE DE M. LE CHEVALIER DE TAULÈS,

ANCIEN CONSUL GÉNÉRAL EN SYRIE [1].

Le chevalier de Taulès, né en Béarn, et issu d'une des plus anciennes familles de cette province, fut admis, en 1754, dans les gendarmes de la garde du Roi ; dix ans après, il entra dans la carrière des affaires étrangères. Les troubles qui agitaient la ville de Genève en 1766 ayant engagé le Roi à y envoyer le chevalier de Beauteville, son ambassadeur en Suisse, M. de Taulès eut ordre de l'accompagner. L'objet de cette mission était de rétablir la paix dans cette république ; l'obligation de se concerter avec les cantons de Zurich et de Berne, dont les vues et les principes étaient absolument contraires à ceux de la France, rendit cette négociation pénible et infructueuse. De Genève M. de Taulès passa en Suisse ; il résida une année à Soleure pour y suivre la même affaire.

Ce fut pendant son séjour à Genève que M. de Taulès fit connaissance avec Voltaire, à qui l'aimable originalité de son esprit et de son caractère plut infini-

---

[1] Elle est extraite des lettres particulières du baron de Viomesnil sur les affaires de Pologne en 1771 et 1772.

ment. Il mandait à madame d'Argental, le 18 avril 1766 : « M. Henin est très-fâché de la retraite de M. le duc de Praslin, et de M. de Saint-Foix. M. de Taulès, qui a aussi beaucoup d'esprit, ne me paraît fâché de rien. » Une longue lettre que Voltaire écrivit à M. de Taulès lui-même, le 21 mars 1768, prouve qu'il faisait beaucoup de cas de son jugement, et aimait à discuter avec lui des faits historiques douteux ou obscurs, dont l'éclaircissement demandait de la sagacité.

En 1768, M. de Taulès fut nommé capitaine de dragons, et le duc de Choiseul l'envoya en Pologne, et vers les frontières de la Moldavie; il y rendit tous les services dont sa mission était susceptible. Une campagne triste et malheureuse qu'il fit contre les Russes dans la Podolie, avec les confédérés, le mit à portée de connaître d'une manière sûre qu'on n'avait rien à attendre de ce ramas de gentilshommes sans ordre, ni discipline, et commandés par des chefs toujours divisés. Chargé pour eux, par la cour de Versailles, d'une somme considérable, il se convainquit que toutes les dépenses qu'on pourrait faire en leur faveur seraient perdues pour les vues de la France, où il revint de lui-même, en rapportant l'argent. Craignant qu'une lettre qu'il fallait écrire au duc de Choiseul, pour l'informer de sa résolution, ne fût interceptée, et ne découvrît le mystère de son voyage, il se borna à adresser au ministre ce billet emblématique, mais facile à comprendre : « Comme je n'ai pas trouvé dans ce pays-ci « un seul cheval digne d'entrer dans les écuries du « Roi, je retourne en France avec mon argent que je

« n'ai pas cru devoir employer à acheter des rosses. »
Cette dépêche, d'un prétendu maquignon, divertit
beaucoup M. de Choiseul, à qui M. de Taulès entreprit
de démontrer qu'il fallait cesser de fomenter la guerre
des confédérés, parce qu'elle ne servait qu'à la destruction des hommes, sans avancer les affaires d'aucun
parti. Un mémoire de M. le chevalier Thesby de Belcour, officier français qui fit la campagne de 1769 avec
les confédérés, confirme l'opinion de M. de Taulès.

Krasinski, évêque de Caminiek, fut envoyé en
France par les confédérés pour supplier le Roi de ne
pas les abandonner. M. le duc de Choiseul, que les
comptes rendus par M. de Taulès avaient dégoûté de
se mêler des affaires de la Pologne, résista long-temps;
et le Roi s'étant enfin décidé à secourir les confédérés,
le duc de Choiseul, en annonçant à l'évêque cette détermination de S. M., ajouta qu'il n'y avait qu'une chose
qui l'embarrassât, c'était le choix d'un sujet propre à
cette mission; qu'il était difficile d'en trouver un qui
fût capable de la bien remplir. Vous êtes embarrassé,
répliqua l'évêque Krasinski? vous nous avez envoyé
M. de Taulès; il n'a rien fait pour nous : il a été jusqu'à nous refuser le secours d'argent que le Roi nous
envoyait; eh bien! nous vous le demandons encore.
Vous l'aurez donc, répondit le duc de Choiseul. Mais
il se trouva parti pour le Béarn, et l'évêque pressa
tellement cette affaire, qu'on prit le parti d'envoyer
M. Dumouriez qui, dans un autre temps, est devenu
si fameux.

Un jour que M. le Taulès, ce loyal et intéressant

négociateur, était avec le ministre, un M. Duluc, génevois, qui s'était rendu à Versailles pour engager le gouvernement français à protéger les citoyens contre l'ambition du conseil, fit demander une audience que M. de Choiseul refusa d'abord, en disant : « Que répondrai-je à « cet homme, qui vient sans doute me parler des petits « intérêts et des tracasseries de son tripot, auxquels je « n'entends rien ? » Recevez-le toujours, répliqua M. de Taulès; ses efforts tendront certainement à engager la France à enfreindre les promesses ci-devant faites, au nom du Roi, au gouvernement génevois; vous l'observerez à M. Duluc, et selon la manière dont il se défendra, je me mêlerai de la conversation, et vous tirerai d'embarras. Sur cette assurance, le duc fait entrer le Génevois, qui expose sa demande. Le ministre lui réplique par l'observation convenue; M. Duluc ne néglige rien pour faire valoir sa cause; M. de Taulès détruit tous ses argumens, et après l'avoir réduit au silence, il ajoute : Il y a, M. Duluc, un excellent moyen d'arranger tout cela. Alors, le ministre et M. Duluc redoublent d'attention, et le malin chevalier ajoute : C'est, M. Duluc, d'ensevelir votre tête sous une énorme perruque de syndic. Le Génevois sentit le piquant de cette réponse : néanmoins il sourit à l'idée de son élévation [1].

[1] Quelque temps après, M. Greenville, anglais de distinction, passant à Genève, de simples citoyens et des magistrats lui parlèrent séparément de leurs prétentions respectives, mais si contradictoirement que, ne pouvant s'en former une juste opinion, il pria Voltaire de lui éclaircir ces assertions si diverses du peuple et des magistrats. « Je peux, répondit le vieillard, vous satisfaire aussi véri-

A la fin de 1769, M. de Taulès fut chargé, à son retour de Pologne, d'un travail important sur les négociations de la France avec la Suisse.

En 1771, après la disgrâce du duc de Choiseul, les établissemens de commerce des Français dans la Syrie et la Palestine se trouvant exposés, par suite de la révolte des Druses, aux désordres et aux troubles qui sont la suite des guerres civiles, *il parut essentiel*, suivant les propres expressions du rapport signé du Roi, « d'y faire passer un sujet connu et éprouvé, sur lequel on pût compter, et qui eût des ressources dans l'esprit. » M. de Taulès y fut envoyé avec le titre de consul général; à peine arrivé en Syrie, il se trouva renfermé dans la ville de Seyde, bientôt assiégée par une armée de trente mille Turcs, prévenus contre les Français, qu'ils accusaient d'avoir appelé une escadre russe dans cette partie du Levant; ils ne parlaient que de les massacrer. M. de Taulès parvint à effacer ces dangereuses impressions, et à s'attirer également la confiance des deux partis. Jamais la considération pour la France ne fut portée plus loin en Turquie, que dans le territoire où s'étendait l'administration de M. de Taulès; jamais la protection exercée au nom du Roi n'y fut plus respectée

---

tablement que brièvement. Ce sont environ neuf cents tignasses qui se disputent contre cinquante grandes vilaines perruques pour devenir de grandes perruques elles-mêmes. » La réponse de M. de Taulès et celle de M. de Voltaire expliquent suffisamment que les magistrats de Genève étaient alors distingués par d'énormes perruques, tandis que les citoyens n'en pouvaient porter que de médiocres ou de petites.

et plus efficace. Les Turcs, pour mieux honorer le nom français, parurent en différentes occasions oublier leurs lois, leurs mœurs, leurs usages. Le grand émir des Druses, chef des rebelles, d'un côté, et le fameux Dgezzar Pacha, revêtu de toute l'autorité du grand seigneur de l'autre, désirèrent qu'il devînt le médiateur de leurs différends. Malgré les avantages qu'il devait retirer personnellement de cette médiation, des raisons fondées sur l'intérêt du commerce national le portèrent à se refuser à leurs instances. Quoique long-temps et fortement sollicité par eux, il se conduisit avec assez de ménagement pour éviter de les aigrir par son refus.

Dans la guerre de 1778, des corsaires anglais, sans aucun égard pour le droit des nations, eurent l'audace d'enlever plusieurs de nos vaisseaux dans les ports du grand seigneur. Ce fut en vain que le ministère et l'ambassadeur de France réclamèrent à Constantinople contre ces attentats. De pareils outrages, en demeurant impunis, livraient les Français au mépris des peuples, dans tous les ports du Levant; un seul moyen leur restait pour se rétablir dans la considération qui leur était due, c'étaient les représailles. Il importait de faire voir aux Turcs que les Français savaient se faire justice eux-mêmes, lorsqu'elle leur était refusée. M. de Taulès saisit la première occasion qui se présenta de mettre cette idée en exécution. Enhardi par la certitude de bien servir son pays, et fermant les yeux sur tout ce qu'une entreprise semblable pouvait avoir de dangereux pour lui-même, il engagea le commandant d'un vaisseau à se saisir audacieusement, dans le port de Larnaca, en Chypre, d'un bâtiment français que les Anglais y avaient conduit, après s'en être emparés. Cette action produisit le résultat que M. de Taulès avait prévu : la Porte étonnée, et craignant de voir une guerre intestine s'élever dans ses ports, changea absolument de conduite, et lorsque les Anglais renouvelèrent ensuite leurs pirateries, ils furent promptement obligés par les Turcs à la restitution des vaisseaux qu'ils avaient pris, et à la réparation des dommages qu'ils avaient occasionnés. Ils rendirent ainsi sept bâtimens, enlevés dans les rades de la Syrie et de l'Egypte. Sans les représailles que M. de Taulès avait pris sur lui de faire exercer, ils étaient perdus pour la France, et il fallait ce trait de hardiesse pour forcer les Turcs à être justes à notre égard. Le capitaine en second du vaisseau pris par les Anglais, détenu prisonnier par eux sur son propre bâtiment, ayant été grièvement blessé d'un coup de feu par nos soldats, au moment de la reprise, M. de Taulès eut la générosité de lui assigner sur son propre traitement, qui était très-mince, un revenu de deux cents livres.

Vers cette même année 1778, il s'était formé dans le Mont-Liban une espèce de schisme, à l'occasion d'une prétendue sainte, à laquelle le patriarche des maronites s'était dévoué, et dont il partageait les extravagances. Tous les efforts que fit la cour de Rome pour le faire revenir de ses erreurs ayant été inutiles, elle forma le projet de le faire enlever. Dans cette vue, elle envoya en Syrie un vicaire apostolique qui concerta la chose avec le consul de Tripoli, et l'exécution en devint d'autant plus facile que le grand émir des Druses, duquel dépend la nation maronite, y avait donné son consentement. Le vaisseau qui devait transporter ce malheureux en Europe était déjà frêté depuis quelques mois, et attendait sa victime au port de Baruth, pour mettre aussitôt à la voile; mais au moment de l'exécution, le consul de Tripoli, qui était le subordonné de M. de Taulès, eut peur, et refusa d'aller plus avant, s'il n'avait son aveu. Le vicaire apostolique écrivit à M. de Taulès plusieurs lettres à ce sujet, et vint ensuite lui-même le trouver, pour l'engager à autoriser l'entreprise : il voulut lui parler de gloire, d'honneur, de fortune, et mettre sous ses yeux tous les avantages auxquels il devait s'attendre par le service qu'il rendrait à la religion et au Saint-Siége. M. de Taulès rejeta loin de lui cette iniquité, avec tous les vains prestiges de la reconnaissance de la cour de Rome, et le patriarche fut sauvé.

En 1779, la santé de M. de Taulès, qu'un climat brûlant avait extrêmement dérangée, le mit dans la nécessité de demander sa retraite. Le ministre lui écrivit « que « Sa Majesté aurait désiré conserver plus long-temps à « son service un officier dont elle connaissait si bien le « zèle et les talens ; mais qu'elle s'était décidée à lui ac- « corder sa retraite, par égard pour les motifs pressans « qui le forçaient à quitter les fonctions qu'elle lui avait « confiées. »

Une lettre précédente fait encore mieux connaître le jugement que le ministre portait de sa conduite :

« Je n'ignore pas, lui mandait-il, la manière distinguée
« avec laquelle vous avez servi Sa Majesté, au milieu
« des troubles de la Syrie; la considération dont vous
« jouissez parmi les chefs des deux partis, l'intelligence,
« l'impartialité et la probité qui ont dirigé toutes vos
« démarches, et les marques d'approbation que vous
« avez reçues en différentes occasions du feu roi, et de
« son conseil. »

Ces éloges mérités furent la seule récompense de
M. de Taulès; il est mort, il y a quelques années, dans
un état fort éloigné de l'opulence, après avoir refusé
plusieurs emplois importans sous le gouvernement impérial.

AVANT-PROPOS.

J'ai découvert l'homme au masque de fer. Il y a tant de singularité dans les bruits qui se sont répandus sur ce fameux inconnu, ils sont si injurieux à la France, et surtout à la famille royale, ils ont été accrédités par des écrivains d'un si grand poids, on les a adoptés si avidement dans les cours étrangères, il serait enfin tellement possible qu'un jour, lorsque le temps aurait mis le sceau à ces honteuses préventions, on entreprît de les tourner au préjudice de ma patrie, que j'ai cru de mon devoir envers elle de rendre compte à l'Europe et à la postérité de ma découverte.

Personne, je le sais, ne croira d'abord à ce que j'annonce; à peine même daignera-t-on se donner le temps de douter : on commencera par prononcer affirmativement que la chose est impossible. On m'opposera ensuite, comme des difficultés insurmontables, une multitude de faits imaginaires, qu'on trouve répandus dans les ouvrages qui ont été donnés au public sur ce sujet.

« C'est, dira-t-on, quelque nouvelle folie non
« moins absurde que toutes celles dont de très-
« sages écrivains nous ont déjà inondés à cette
« occasion. *Qui ignore* que M. Chamillard, le
« dernier ministre qui sut cet étrange secret,
« ayant été conjuré, à genoux, par le maréchal de
« la Feuillade, son gendre, de lui dire ce que
« c'était que cet homme, lui répondit, un mo-
« ment avant de mourir, *que c'était le secret de*
« *l'État, et qu'il avait fait serment de ne jamais*
« *le révéler?* M. d'Argenson ne nous ôta-t-il pas
« toute espérance, lorsqu'instruit des différentes
« conjectures que faisaient entr'eux les officiers
« de la Bastille, aussi ignorants eux-mêmes que
« le public, il se contenta de dire : *on ne saura*
« *jamais cela?*.... M. de Launay, qui en a été long-
« temps gouverneur, n'a-t-il pas dit mille fois
« qu'il y eut ordre, après la mort de ce fameux
« prisonnier, de brûler généralement tout ce qui
« avait été à son usage, comme linge, habits,
« matelas, couvertures, etc...., que l'on fit même
« regratter et reblanchir les murailles de la
« chambre où il était logé, et que l'on en défit
« les carreaux, pour en mettre de nouveaux, tant

« on craignait qu'il n'eût trouvé moyen de cacher
« quelque billet ou quelque marque dont la dé-
« couverte aurait pu faire connaître son nom?
« Comment, après des précautions aussi extraor-
« dinaires, après tant de preuves qu'il est impos-
« sible de pénétrer ce secret, ose-t-on se vanter de
« l'avoir découvert, en nous débitant des fables que
« les enfants même refuseront de croire, tant
« elles révoltent le bon sens et la raison?....
« Et l'assiette d'argent, dira-t-on encore, cette fa-
« meuse assiette, sur laquelle était sans doute
« écrit le nom de ce célèbre inconnu, permet-
« elle de penser qu'aucun homme ait pu le con-
« naître sans périr, comme aurait péri infaillible-
« ment l'homme qui trouva cette assiette, s'il
« avait eu le malheur de savoir lire ce qui y était
« écrit?... Ne sait-on pas, de la manière la plus
« certaine, que Louis XV a emporté avec lui ce
« secret dans la tombe?... Le duc de Nivernois,
« Voltaire, *Lenglet-Dufresnoi*, Lagrange-Chan-
« cel, Saint-Foix, le père Griffet, d'autres écri-
« vains encore, dont la sagacité est connue, ne
« se sont-ils pas tous donné sur cela les peines
« les plus inutiles, et leurs recherches ont-elles

« produit autre chose qu'une foule de raison-
« nements ridicules?... Et aujourd'hui, c'est-à-dire
« lorsqu'un long laps de temps, en épaississant
« les ténèbres qui couvraient cet événement, n'a
« dû le rendre que plus impénétrable; lorsque
« les anneaux de ce nœud gordien, que personne
« n'a vu dans le temps même de son existence,
« sont rompus, brisés, anéantis, on vient nous
« bercer follement de l'idée de l'avoir dénoué,
« et d'en expliquer toute la contexture? Ce mys-
« tère, ajoutera-t-on, est renfermé aujourd'hui
« dans le sein de Dieu, et il n'est pas donné à
« l'homme de l'en arracher : on ne devine pas, et
« il faudrait deviner. Il est donc démontré que
« la découverte est impossible. »

Je ne m'étendrai pas en raisonnements pour détruire des objections qu'on croit sans réplique, et dont la plupart ne sont probablement fondées que sur des suppositions : c'est par la découverte même que je veux y répondre. Je vais présenter un fait certain et une vérité suivie de sa démonstration; mais je me hâte de l'avouer : cette vérité ressemble malheureusement à une foule d'autres vérités; presque toujours au-dessous de l'idée qu'on s'en était formée; on ne les trouve, on ne les reçoit qu'avec indifférence après avoir mis la plus vive ardeur dans leur recherche. On pourrait comparer celle-ci à une jouissance qu'on est tout honteux d'avoir désirée. Beaucoup de femmes, par exemple, sans compter les hommes qui leur ressemblent, regretteront leur illusion : elles auront de la peine à me pardonner de la leur avoir enlevée. En effet, comment renoncer tout d'un coup, sans quelque dépit, à toutes les images sous lesquelles leur vive et tendre imagination s'était représentée ce célèbre inconnu ? *Il était si charmant! une taille au-dessus de l'ordinaire, admirablement bien fait, jeune, de la figure la plus belle et la plus noble, intéressant par le seul son de sa voix, ne laissant point entrevoir ce qu'il pouvait être.* C'était tout au moins un prince, et un prince malheureux, ou fruit de l'amour, ou qui lui devait ses infortunes.

Il est temps de parler sérieusement. Cet homme était tout autre qu'on ne le suppose. Il ne paraissait destiné ni par la nature, ni par son état, ni même par ses infortunes, à être si tristement célèbre. Sa malheureuse célébrité se forma dans la suite des temps par des circonstances imprévues, et surtout par les artifices de ceux qui avaient le plus grand intérêt à cacher cette aventure. Il n'y eut d'extraordinaire dans tout cela que son enlèvement. Qu'on se représente un bâtiment monté de quelques hommes et voguant sur les mers; un autre bâtiment le rencontre, l'aborde, enlève notre inconnu, et, s'éloignant aussitôt, va le jeter avec le plus grand secret dans un des forts de l'île Sainte-Marguerite; tiré peu de jours après de ce fort, sans qu'on ait jamais pu savoir de quelle manière il y était entré, cet inconnu fut transféré à la Bastille. On l'y garda, on l'y cacha avec de grandes précautions, et ces précautions redoublèrent quand on eut lieu de craindre les recherches et les menaces du souverain auquel il appartenait. Nous sommes loin d'assurer qu'il ait jamais été question pour lui, ni d'un masque de fer, ni d'un masque de velours. Cette mesure impolitique et inutile n'aurait servi qu'à exciter la curiosité, et une vive curiosité aurait pu devenir dangereuse. Il ne fut fait mention d'un masque pour la première fois qu'en 1745, *dans les Mémoires secrets pour servir à l'histoire de Perse.* On observera, à cette occasion, qu'il serait assez singulier que le temps n'eût accouché qu'au bout de 50 ans d'une pareille vérité ; car il est prouvé, du moins on le prétend, que le prisonnier qui avait passé plusieurs années à l'île de Sainte-Marguerite, arriva à la Bastille en 1698 et qu'il y mourut en 1703. Les mémoires secrets pour servir à l'histoire de Perse n'eurent pas d'abord un grand succès. Plus pénibles qu'agréables à lire, à cause des noms Persans qu'on donne aux personnages Français qui y figurent, ils furent peu goûtés du public. On les regarda comme un mauvais roman, et on traita surtout de fable l'anecdote du masque de fer. Elle était oubliée avec l'ouvrage qui la contenait, lorsque Voltaire la rendit à la vie vers l'année 1752, dans son siècle de Louis XIV. L'intérêt qu'il mit dans son récit fit naître la plus vive curiosité en France, et dans toute l'Europe. Ce fut alors que les officiers de la Bastille, qui jamais n'avaient entendu parler du masque de fer, se hâtèrent de recourir aux archives pour y chercher quelque lumière : ils n'y en trouvèrent aucune, et ils ne surent à quel prisonnier ils devaient appliquer ce masque, quoique le prisonnier que les inventeurs du masque avaient eu en vue, eût été certainement connu à la Bastille. C'est dans ce sens qu'on a pu dire avec vérité *que les officiers de l'état-major étaient sur cela aussi ignorants que le public.*

Rien n'est plus simple que l'exposé que nous allons présenter de cet événement, et jamais, nous osons le dire, il n'en aura été fait aucun avec plus de franchise. Nous ferons marcher le lecteur un flambeau à la main, dans les routes ténébreuses que nous avons parcourues d'avance nous-mêmes, comme à tâtons, pour parvenir jusqu'à la vérité. Il verra tout ce que nous avons pensé, l'ordre dans lequel nous l'avons pensé, et comme nous l'avons pensé. Nous ne parlerons pas de certaines erreurs, de certaines méprises que nous avons commises, soit dans les faits, soit dans les raisonnements. La suite de la dissertation les fera ressortir aussi distinctement que si nous en donnions ici l'indication. Il nous aurait été facile de les corriger; nous nous sommes défendus de donner cette petite satisfaction à notre amour-propre. Nous voulons que notre ouvrage paraisse tel que nous l'avons d'abord fait, et tel à peu près que nous le donnâ-

AVANT-PROPOS.

mes à M. de Vergennes. Le lecteur, quand il apercevra les pierres contre lesquelles, au milieu de tant d'obscurités, nous avons heurté sur notre chemin, conviendra, peut-être, que nos fautes étaient inévitables. Si malgré toutes les difficultés dont notre carrière avait été malicieusement parsemée, nous avons atteint heureusement le but, qu'importe que nous nous soyons quelquefois égarés? Nous ne nous parerons pas d'une fausse modestie, en affectant de nous défier de notre découverte: nous croyons avec toute la foi qu'il est possible à un homme d'avoir; mais nous ne nous lasserons pas de répéter que c'est au hasard seul que nous en sommes redevables. Nous n'y avons que le faible mérite d'avoir saisi en passant l'objet qu'il nous a présenté, et de n'avoir lâché prise qu'après nous être assurés de la victoire.

Il n'est pas d'homme sensé qui ne se soit déjà dit à lui-même que tout est loin de pouvoir être vrai, dans les détails que nous ont donnés différents écrivains sur cette aventure. Peut-on croire, en effet, pour peu qu'on réfléchisse, que les égards que l'on prétend que l'on a eus pour le prisonnier, n'aient pas été exagérés? Croira-t-on même que l'on en ait eu pour lui, en général, de beaucoup plus distingués que pour les autres prisonniers? Ce serait connaître bien mal le cœur humain. Quelque grand que fût un personnage, dès qu'il aurait le malheur d'être en prison, et surtout d'être condamné à y passer le reste de sa vie, sa dépendance, dans ces tristes lieux, de ce qu'il y a de plus abject dans le rebut du genre humain, aurait bientôt fait disparaître le respect que le rang le plus éminent semblerait d'abord devoir inspirer. Je mets en fait que si Louis XIV lui-même, avec toute sa dignité, avait été enfermé à la Bastille, il n'y aurait pas eu de misérable porte-clefs qui n'eût fini par s'estimer plus que lui. Dans une pareille situation, l'homme libre est le roi, et le malheureux roi n'est pour l'homme libre qu'un objet de pitié ou de mépris.

On sera étonné, sans doute, en apprenant que la Russie a eu aussi son masque de fer. On est fondé à appeler ainsi ce prisonnier, par les rapports multipliés que l'on remarque dans les destinées de l'un et de l'autre. Tous deux étaient étrangers au pays où ils furent enfermés; tous

AVANT-PROPOS.

deux avaient été enlevés à peu près de même : ils furent gardés avec les mêmes précautions ; rien ne fut négligé pour les dérober à tous les regards. On est également en droit de supposer qu'il fut défendu à celui-ci de parler sous peine de la vie, puisqu'on ne lui entendit jamais rien dire distinctement. On trouve dans son aventure, sous une autre forme, jusqu'à l'assiette d'argent, ou la chemise roulée qui a tant marqué dans l'aventure de notre masque de fer. Enfin ils moururent tous deux dans leur prison : mais il faut satisfaire l'impatience du lecteur, et je le ferai en peu de mots. C'est un dédommagement que je lui dois, pour la longueur de mon mémoire sur le prisonnier de la Bastille.

Ce nouveau masque est le duc de Phalaris ; il était né à Avignon ; mais il ne fut guère connu en France que par la beauté de sa femme et par ses propres déréglements. Livré, jeune encore, à une vie vagabonde, il courut sans cesse les aventures. Ses voyages l'ayant conduit dans le pays de Mecklembourg, le prince régnant le vit, lui trouva de l'esprit, et imagina qu'il pourrait l'employer utilement pour son service. La princesse *Anne*, sa fille, depuis mère de l'infortuné empereur *Ivan*, était alors élevée à Pétersbourg, auprès de l'impératrice *Anne*, sa tante, en attendant qu'elle épousât le prince de Brunsvick, auquel elle était destinée. Des raisons d'état lui avaient fait défendre par la cour de Russie toute correspondance avec son père. Le duc de Mecklembourg crut que sa bonne fortune lui présentait, dans cet étranger, un intermédiaire tel qu'il pouvait le désirer, pour donner de ses nouvelles à sa fille, et pour rétablir en sûreté ses relations avec elle. Il proposa au duc de Phalaris de se rendre à Pétersbourg, avec le titre secret de son envoyé auprès de cette princesse. Phalaris, ébloui de cet éclair de bonne fortune, accepte, part, et parvient jusqu'aux frontières de la Russie. Arrivé là, il y trouva un détachement de grenadiers, dont le commandant lui déclara que l'impératrice, instruite de son voyage, l'avait envoyé pour lui faire honneur et l'escorter jusqu'à Pétersbourg. Mais, au lieu d'en prendre le chemin, il fut conduit avec le plus grand secret dans un château isolé, aux environs de Moscou. Tous ses gens furent arrêtés en même temps que lui, et disparurent sans qu'on en ait entendu parler davantage.

Le duc de Phalaris fut traité dans sa prison, comme notre masque de fer l'avait été à la Bastille. On eut pour lui des égards, on lui accordait tout ce qu'il pouvait désirer; un seul officier était chargé d'avoir soin de lui. Son sort était ignoré du reste de l'univers.

Une situation semblable à celle de notre masque de fer lui inspira les mêmes moyens pour tâcher de recouvrer sa liberté. Il ne jeta point par la fenêtre une assiette d'argent ni une chemise roulée; mais voyant des pigeons voler autour de sa prison, il sut les attirer par des appâts, et il attacha à tous ceux qu'il put prendre un billet où ces mots étaient écrits : *le duc de Phalaris, sujet du roi de France, est cruellement et injustement enfermé dans un château auprès de Moscou.* La connaissance de sa détention perça de cette manière dans le public, et parvint confusément jusqu'à Pétersbourg. On ne le fit point mourir, quoiqu'il eût cherché à faire connaître qui il était. Mais son stratagème ne servit qu'à le faire resserrer si étroitement, qu'on n'entendit plus parler de lui [1].

LETTRE

A M. LE COMTE DE VERGENNES, MINISTRE DES AFFAIRES ÉTRANGÈRES.

Du 13 février 1783.

Monsieur le comte,

Je fis il y a huit ans une découverte dont il m'a semblé que mon devoir me prescrivait de commencer par vous faire hommage.

Elle concerne *le masque de fer*, ce prisonnier fameux qui a excité si long-temps et si vainement la curiosité publique en France, et même dans toute l'Europe. Il serait très-possible, monsieur le comte, que vous fussiez mieux instruit que

---

Dépêches au roi du 5 mars et du 13 juin 1744.

[1] « Le fait qu'on vient de rapporter a été connu par les dépêches du marquis de la Chétardie, ministre de France à la cour de Pétersbourg. Une partie des biens du duc de Phalaris étant substituée au duc d'Ancénis petit-fils du duc de Béthune, la maison de Béthune s'adressa au ministère pour tâcher d'avoir un acte authentique de sa mort, et il fut envoyé par le marquis de la Chétardie. »

personne, du fond et de la vérité de ce mystérieux événement, ou comme ministre des affaires étrangères, ou comme ayant été ambassadeur à............ Dans ce cas-là, il y aurait tout au moins une sorte de ridicule dans mon empressement à prétendre vous le dévoiler. Je crois donc vous mieux marquer mon respect en attendant vos ordres. Le fait, quoique très-extraordinaire, est sans doute moins intéressant par lui-même, que par le mouvement qu'il a donné en divers temps aux imaginations, et par les conjectures absurdes et extravagantes dont il a été l'occasion. Voltaire, qui, en parlant de cet homme, a voulu circonscrire autour de la seule personne du cardinal Mazarin les recherches qu'on pourrait être tenté de faire, n'a osé dire ce qu'il en pensait, et on sent néanmoins que son intention a été d'en faire penser ce qu'il n'osait dire. Il s'est trompé en tout, et d'autres n'ont pas mieux deviné que lui. Ceux qui ont cru y reconnaître le duc de Beaufort, ou le comte de Vermandois, n'ont fait, à son exemple, que de misérables romans. Un auteur aussi ingénieux que sensé, dont l'esprit, le jugement, et surtout les graces caractérisent les productions, a donné de son côté dans le plus étrange égarement en voulant persuader que c'était le duc de Montmouth. On dirait que les écrivains les plus sages ne sont entrés en lice, que pour disputer à qui imaginerait les plus grandes folies. Ce n'est enfin qu'en faisant des miracles, en ressussitant des morts qu'ils ont cru parvenir à donner une apparence de réalité à leurs fausses suppositions. Peut-être le temps serait-il venu, où il conviendrait de détruire authentiquement certains bruits aussi absurdes qu'infâmes, auxquels le masque de fer a donné lieu : la malice et l'ignorance ont répandu ces bruits dans les cours étrangères, et ils ne s'y sont que trop accrédités, moins encore pour la gloire des grands personnages qu'ils intéressaient, et qui par eux-mêmes étaient au-dessus de la calomnie, que pour l'honneur de la vérité.

Je suis, etc.

RÉPONSE.

Versailles, le 28 février 1783.

C'est surtout, Monsieur, pour détruire les soupçons odieux auxquels *l'homme au masque de fer* a donné lieu par les précautions qu'on a prises pour le dérober à tous les regards, qu'il peut être important d'avoir sur ce personnage des notions certaines. Les monuments historiques et les traditions des contemporains n'en offrent aucune à laquelle on puisse s'arrêter. Si celles que vous avez recueillies vous paraissent plus dignes de confiance, je les recevrai avec reconnaissance.

J'ai l'honneur d'être, monsieur, votre très-humble et très-obéissant serviteur,

Signé DE VERGENNES.

L'HOMME
AU MASQUE DE FER.

PREMIÈRE PARTIE.

Il en est de cette découverte comme de la plupart des autres; c'est au hazard seul qu'on en est redevable. Il fit tomber entre mes mains, il y a quelques années, un manuscrit abandonné, perdu, dans lequel je trouvai l'article qu'on va lire. Il est essentiel qu'on sache d'avance que cet article est absolument isolé dans l'ouvrage; que rien, ni dans ce qui le précède ni dans ce qui le suit, n'a plus aucun rapport à cette fameuse aventure; que c'est enfin tout ce que l'auteur dit sur ce sujet, et qu'il est à présumer qu'il n'en savait pas lui-même davantage. Le voici fidèlement copié sur le manuscrit.

« Une des choses les plus extraordinaires qui
« soient arrivées pendant l'ambassade de M. de
« Fériol, et qu'il ne faut pas omettre, c'est l'en-
« lèvement d'*Arwediks*, patriarche des Arméniens
« schismatiques.

« Ce patriarche était ennemi mortel de notre
« religion, et l'auteur de la cruelle persécution

« que les Arméniens catholiques avaient soufferte.
« Ceux-ci, à force d'argent, trouvèrent moyen de
« le faire exiler. Cela fait, par le moyen du père
« Braconnier, jésuite, qui était à Constantinople,
« et par l'entremise du père Terrillon, aussi jé-
« suite, qui était à Scio, ils imaginèrent que, pour
« s'en défaire entièrement, il fallait gagner le
« chiaoux, qui était chargé de le conduire en exil,
« faire trouver une barque française à la hauteur
« de Scio, qui le conduirait en France, où il se-
« rait mis dans une prison d'où il ne pourrait ja-
« mais sortir. Cette entreprise, tout extraordinaire
« qu'elle paraisse, fut fort bien conduite par le
« sieur *Bonnal*, pour lors vice-consul à *Scio* : *Ar-*
« *wediks* arriva en France : il fut conduit d'abord
« à l'île Sainte-Marguerite, et de là à la Bastille
« où il est mort.

« Ses partisans, n'entendant plus parler de lui,
« attaquèrent le chiaoux qui l'avait conduit ; et le
« grand-visir lui ayant fait donner la question, il
« avoua qu'*Arwediks* avait été embarqué à Scio
« dans une barque française. On envoya un ca-
« pigi-bachi à Scio pour interroger le vice-consul :
« il se défendit bien, et quoiqu'on ait parlé de
« cette affaire à diverses reprises, elle n'a eu au-
« cune suite, et paraît absolument éteinte par la
« longueur du temps. Il n'est par sûr que M. de
« Fériol ait eu d'abord connaissance de ce projet,

« qui est certainement l'ouvrage des Arméniens
« conduits par les jésuites : mais il est vrai que, la
« chose ayant réussi, ils lui conseillèrent de se
« mettre à couvert des suites, de s'en faire hon-
« neur, et qu'il le fit.... (quel honneur!) »

En lisant cette anecdote, il me vint subitement dans la pensée que cet homme pourrait bien être *le masque de fer*. Confirmé ensuite de plus en plus dans cette conjecture par une multitude de faits que la mémoire m'avait retracés confusément à mesure que je lisais, je me dis avec une nouvelle assurance : oui, c'est lui-même, voilà le masque de fer. Mais il ne suffisait pas de le penser et de le dire, il fallait le prouver : il fallait que l'enchaînement des faits qui déterminaient cette opinion, formât une espèce de démonstration, et c'est ce que je crois avoir exécuté.

Tout manquerait ici par sa base, si l'enlèvement d'Arwediks n'était pas reconnu pour un fait certain. Pour ne laisser aucune incertitude à cet égard, il suffira de nommer l'auteur du manuscrit cité ; c'est M. le marquis de Bonnac, ambassadeur de France à Constantinople. On ne saurait révoquer en doute un événement constaté par un témoignage aussi respectable. Il l'écrivait à la fin de son ambassade, c'est-à-dire vers 1724, long-temps avant qu'il eût été question en France de l'homme au masque de fer, puisqu'on ne s'en

<small>Projet d'un mémoire concernant l'ambassade du roi à Constantinople par M. le ministre de Bonnac.</small>

entretint pour la première fois que vers l'année 1753. M. de Bonnac était alors bien éloigné de prévoir que cette affaire, née dans le Levant, et qui, selon ses propres expressions, *paraissait éteinte absolument par la longueur du temps*, dût devenir quelque jour un grand sujet de curiosité et de dispute dans toute l'Europe.

Il s'agit donc présentement de faire voir que le *patriarche* et l'homme *au masque de fer* sont une même personne.

Il est attesté par M. de Bonnac que le patriarche enlevé sur mer, dans son passage de Constantinople à Scio, fut débarqué très-secrètement en France. Il nous apprend 1° Que ce prisonnier fut d'abord enfermé à l'île Sainte-Marguerite. 2° Qu'il fut transféré de là à la Bastille, 3° Qu'il y mourut. Il est évident qu'on y cacha toujours son état avec des précautions singulières, puisque rien de ce qui le regarde n'est parvenu à la connaissance des hommes, du moins sous son nom; jamais on n'a parlé de lui.

D'un autre côté, on sait qu'un prisonnier inconnu, qu'on a dit caché sous un masque, et dont il n'a jamais été parlé que sous le nom de *l'homme au masque de fer*, a existé tout d'un coup en France, et qu'il y a passé pour un homme de très-grande considération, quoiqu'aucun homme considérable n'ait disparu dans le même temps, ni en France, ni dans toute l'Europe. Il est également attesté : 1° Que cet homme fut enfermé à l'île de Sainte-Marguerite. 2° Qu'il fut transféré de là avec le plus grand mystère à la Bastille. 3° Qu'il y mourut.

Enfin tout le monde convient que ce fut M. de Saint-Mars lui-même qui conduisit le *masque de fer* des îles Sainte-Marguerite à la Bastille, avec des précautions extraordinaires ; et comme il sera prouvé qu'il fut dit, dans le temps même de cet événement, que le patriarche avait été conduit des îles Sainte-Marguerite à la Bastille par le même M. de Saint-Mars, et avec les mêmes précautions extraordinaires, il résulte sans doute d'une conformité aussi singulière, que les deux personnages n'en font qu'un, que le masque de fer est le patriarche, et que le patriarche est le *masque de fer*. On est d'autant plus fondé à tirer cette conclusion, qu'il peut passer pour constant que M. de Saint-Mars ne fut jamais chargé qu'une seule fois de conduire un prisonnier des îles Sainte-Marguerite à la Bastille.

Les premiers faits, les faits principaux, étant parfaitement d'accord, il est question de voir si les époques et les détails s'accordent aussi exactement.

ÉPOQUE DE L'ENLÈVEMENT.

Le journal de M. Dujonca, lieutenant de roi de la Bastille, nous fait connaître exactement l'époque, le moment de la translation de l'homme au masque de fer dans ce château ; il y arriva le 18 septembre 1698.

Le patriarche dut donc être enlevé dans le commencement de 1698. Quoique le manuscrit du marquis de Bonnac ne nous donne pas le temps précis de cet événement, on se croit d'autant plus fondé, d'après l'époque de M. Dujonca, à le fixer à cette année, qu'il eut certainement lieu sous l'ambassade de M. de Fériol, et que M. de Fériol était ambassadeur en 1698.

Les jésuites, qui ne pouvaient pas se dissimuler les tristes suites qu'aurait pour eux cet attentat, s'il venait à être connu, eurent probablement l'attention d'embarquer avec le patriarche quelqu'un de leurs confrères, moins encore pour avoir soin de lui, que pour l'empêcher d'avoir aucune communication avec les gens du bâtiment. L'endroit le plus propre, ou le seul propre à le débarquer secrètement, en arrivant sur les côtes de France, était l'île Sainte-Marguerite, et il y fut en effet d'abord déposé, jusqu'à ce qu'on eût concerté les arrangements nécessaires pour le conduire avec le même secret à la Bastille; ce qui eut lieu le 18 septembre 1698.

Voilà donc, pour l'époque principale, à peu près tout l'accord qu'on saurait désirer.

Il est vrai, car il ne faut rien dissimuler, il est vrai que M. Dujonca, en parlant de l'arrivée du masque de fer à la Bastille, s'exprime de la manière suivante : *M. de Saint-Mars, gouverneur de la Bastille, est arrivé, venant de son gouvernement des îles Sainte-Marguerite, ayant amené avec lui un ancien prisonnier qu'il avait à Pignerol*, etc.... Mais le mot *ancien* et la désignation de *Pignerol*, qui ont trompé tant de gens, ne signifient rien dans cette occasion. M. Dujonca ne répond que de ce qu'il a vu, et non pas de ce qu'on lui a dit. La suite de son journal démontre qu'il fut toujours trompé par M. de Saint-Mars, qui lui cacha à lui-même, quoique lieutenant de roi, la qualité de son prisonnier, et le vrai temps de sa première prison. Le plus sûr moyen d'empêcher que l'on ne soupçonnât que l'homme masqué cachait le patriarche, était de donner sa prison pour très-ancienne, et surtout de persuader qu'il avait été long-temps à Pignerol, parce qu'il était impossible que le patriarche, qui n'avait été enlevé qu'en 1698, fût reconnu dans un prisonnier qui avait été à Pignerol long-temps avant 1698. M. de Saint-Mars, en changeant les temps et les lieux, avait placé adroitement deux pierres d'achopement, contre lesquelles devaient se briser et se perdre toutes les recherches des curieux et des amis du patriarche. La seule vérité qui paraît constante, est donc que le *masque de fer*, au sortir de l'île Sainte-Marguerite, fut conduit à la Bastille, et qu'il y arriva le 18 septembre 1698 [1].

Importance que la porte mit dans cette affaire, et motifs des grandes précautions que l'on prit pour cacher ce prisonnier.

L'envoi d'un capigi-bachi à *Scio*, pour interroger le sieur Bonnal, vice-consul, suffit pour faire voir que la porte ottomane prit d'abord très-vivement cette affaire. Le sieur *Bonnal se défendit bien*, selon les propres expressions du marquis de Bonnac. Il est évident qu'il nia tout, parce que la seule ressource était de tout nier dans une conjoncture aussi délicate et aussi embarrassante. Il protesta, avec le ton de la vérité, qu'il était dans la plus profonde ignorance à cet égard; qu'il ne pouvait même croire qu'aucun capitaine français eût été assez audacieux pour se prêter à une violence aussi contraire aux droits de tous les souverains, et particulièrement au respect dû

---

[1] Il y a erreur dans cette date et cela sera prouvé dans la suite.

au grand seigneur; que, si le patriarche avait été réellement embarqué, ce n'était pas certainement sur un bâtiment de sa nation, mais que les Turcs, accoutumés à ne voir, pour ainsi dire, dans leurs ports que des bâtiments français, prenaient pour tels les bâtiments de toutes les autres nations de l'Europe; que si cependant il était possible, contre la conviction intime de son esprit, qu'un capitaine français se fût oublié au point de commettre cet excès, il promettait solennellement, au nom de son souverain, que le patriarche serait renvoyé en Turquie, et que le capitaine payerait de sa tête son crime et son insolence.

Telles furent, ou durent être à peu près, les défenses du sieur Bonnal; et l'interrogatoire, comme il est facile de le présumer d'après les manières des Turcs, ne finit pas sans de violentes menaces.

Ces menaces n'auraient pas été vaines. Tout homme, qui a la moindre notion du gouvernement turc, peut se représenter de quoi la Porte aurait été capable, pour avoir satisfaction de cette injure, ou du moins pour en tirer à sa manière de grands avantages. Les Arméniens schismatiques, qui n'auraient vu qu'un martyr dans leur patriarche, et un martyr persécuté pour son amour pour eux, auraient tous cru s'ouvrir le chemin du ciel, en prodiguant leur fortune pour le venger. Les animosités qui, dans la guerre de 1688, avaient armé toutes les puissances de l'Europe contre Louis XIV, n'avaient pas été éteintes par le traité de Riswick, signé en 1697; et les ambassadeurs qu'elles entretenaient à Constantinople n'auraient pas manqué une si belle occasion d'exciter, contre la France, l'orgueil et la fureur de la Porte [1].

Arwediks aurait été réclamé, et on aurait été probablement réduit à la honteuse nécessité de le rendre. Pendant cette humiliante négociation, le sieur Bonnal n'aurait pas été épargné. L'adresse même, avec laquelle il s'était défendu dans son interrogatoire, aurait entièrement tourné contre lui. Le pouvoir que les jésuites avaient en France, l'affection et la confiance dont Louis XIV les honorait, leur auraient été également inutiles. Reconnus pour les vrais auteurs de l'enlèvement du patriarche, ils auraient été encore plus maltraités que les religieux des autres ordres, qui tous auraient été exposés à la fureur des schismatiques, et aux insultes de tous les sujets du grand seigneur. Nos missionnaires auraient été outragés et persécutés dans tous les lieux du Levant. Notre religion aurait éprouvé des humiliations d'autant

---

[1] Les circonstances étaient encore plus favorables aux ennemis de Louis XIV, puisque cette aventure tient à des temps où la France éprouvait les plus grands désastres.

plus mortifiantes, d'autant plus honteuses, qu'elles auraient paru méritées. Les avanies seraient tombées de toutes parts sur les négociants français dans l'empire ottoman. L'ambassadeur du roi n'aurait pas été plus en sûreté. On n'avait pas encore oublié les outrages qu'avaient essuyés M. de *La-Haye*, M. de *Guilleragues* et d'autres ambassadeurs. Tout concourait à faire trembler sur les suites de cet événement. Il était donc souverainement important de ne rien négliger, de prendre même les précautions les plus extraordinaires pour soustraire Arwediks aux regards de tous les hommes, et tâcher d'ensevelir sa catastrophe dans les plus profondes ténèbres. Telles sont les raisons de la conduite singulière qui fut tenue avec lui.

RAPPORTS DE M. LE-BRET AVEC LE PATRIARCHE.

M. Le-Bret était dans ce temps président du parlement de Provence, intendant, commandant de la Provence, et inspecteur-général du commerce du Levant. Ce dernier titre le mettait dans le cas d'être exactement informé de tout ce qui venait par mer des états du grand-seigneur. Par une suite de ce titre, il était impossible qu'il ne fût instruit de l'arrivée d'un personnage tel que Arwediks; et son autorité pouvait seule empêcher ceux qui avaient une inspection subalterne dans cette partie, de porter leurs regards sur ce qu'il importait de leur cacher. D'un autre côté sa place de commandant lui donnait le pouvoir de déposer un prisonnier aux îles Sainte-Marguerite, qui dépendaient de son commandement. Sa position, ses places le rendaient ainsi, de tous les hommes, le plus nécessaire aux jésuites pour la consommation de leur entreprise. Il aurait été difficile qu'elle se terminât heureusement sans lui : la fortune leur fut encore en cela très-favorable. M. Le-Bret leur était tendrement attaché. Divers monuments historiques, et surtout le fameux procès du père Girard, font mention de son entier dévouement à la société. Il n'est donc pas douteux, d'après ses sentiments personnels, et d'après les ordres qu'il devait avoir reçus de la cour, qu'il n'ait employé tous les moyens que la prudence et le zèle peuvent inspirer, pour couvrir cet événement d'un voile impénétrable. Les îles Sainte-Marguerite, où il fit déposer le patriarche, étant souvent visitées par des gens qui sont accoutumés à faire le voyage du Levant, et dont plusieurs entendent quelques mots de la langue turque, il y aurait eu du danger à l'y laisser trop long-temps. Aussi, voit-on, en calculant, qu'il y passa très-peu de jours, s'il y resta au-delà de la quarantaine d'usage, et qu'on se hâta de le faire passer à la Bastille.

PREUVE DES RAPPORTS DE M. LE-BRET AVEC LE MASQUE DE FER.

Le rapport nécessaire qu'eut M. Le-Bret avec le patriarche, donne lieu à un trait singulier de lumière dont nous avons l'obligation à ceux qui précédemment ont fait au hasard des recherches sur ce sujet.

« Il a été découvert de la manière la plus cer-
« taine, (a-t-on écrit il y a long-temps) que ma-
« dame Le-Bret, mère de feu M. Le-Bret, pre-
« mier président, et intendant en Provence,
« choisissait, à la prière de madame de Saint-
« Mars, son intime amie, le linge le plus fin et
« les plus belles dentelles, et les lui envoyait
« ponr le prisonnier au masque de fer. »

Ce fait très-aisé à expliquer a un grand avantage ; ce qui précède l'appuye, et il sert à appuyer ce qui précède ; il y a apparence que le patriarche, livré pour de l'argent par un turc, qui se garda bien de livrer autre chose que sa seule personne, arriva dépourvu de tout à l'île Sainte-Marguerite.

Ses propres habillements d'ailleurs auraient exposé à des inconvénients ; il fallut lui en donner de nouveaux. Ce fut donc madame Le-Bret qui fut chargée, comme on vient de le voir, d'envoyer à l'île Sainte-Marguerite ce qui était nécessaire au prisonnier : la connaissance de ce fait est très-heureuse. Il importe peu que ce fussent des dentelles, du linge le plus fin, ou autre chose, que madame Le-Bret envoyait : ce sont des particularités qu'il est trop difficile de connaître exactement, et qui d'ailleurs sont assez indifférentes. Le fait certain est que madame Le-Bret fit des emplettes pour *l'homme au masque de fer*. M. De Saint-Foix qui n'avait pas la clef de cette vérité et qui ne pouvait la deviner, suppose que madame Le-Bret ne faisait ces emplettes qu'à titre d'intime amie de madame de Saint-Mars [1] ; mais qui ne voit au contraire présentement que madame Le Bret n'en fut chargée que par M. Le-Bret, à titre de mère de M. Le-Bret, de celui qui avait nécessairement le secret de toute cette aventure ? M. Le-Bret ayant fait déposer le patriarche à l'île Sainte-Marguerite, madame Le-Bret y envoya de son côté divers effets pour l'homme au masque de fer, c'est-à-dire pour le patriarche que ce masque cachait;

---

[1] Si M. de Saint-Mars avait été marié, il est à présumer qu'il était veuf alors ou que sa femme n'était pas avec lui. Constantin de Renneville, qui dans son histoire de la Bastille parle si souvent de Saint-Mars et de tout ce qui a rapport à lui, n'a jamais fait mention de sa femme, qu'il n'aurait sûrement pas oubliée dans l'éloge qu'il fait de cette famille. Saint-Foix la met donc aussi ridiculement que gratuitement sur la scène.

il y aurait sans cela une bien étrange singularité dans le hasard qui aurait fait charger une femme telle que madame Le-Bret, une première présidente, une commandante de province, d'une pareille besogne.

SUR LE BRUIT QUI COURUT EN PROVENCE QU'IL Y AVAIT UN PRINCE TURC A L'ILE SAINTE-MARGUERITE, PRÉCISÉMENT DANS LE TEMPS OU LE PRÉTENDU MASQUE DE FER S'Y TROUVAIT SECRÈTEMENT ENFERMÉ, D'OU IL RÉSULTE UNE PROBABILITÉ ÉQUIVALENTE A UNE PREUVE QUE LE PATRIARCHE EST LE MASQUE DE FER.

Ce qu'on vient de voir conduit tout naturellement à une preuve non moins frappante ; c'est ainsi du moins qu'en jugera, ce me semble, tout homme accoutumé à réfléchir et à suivre, dans leur marche, les bruits populaires et les opinions humaines.

« Dans le temps que le masque de fer était « détenu, à l'insu de tout le monde, à la citadelle « de l'île Sainte-Marguerite, le bruit courut en « Provence qu'il y avait dans cette citadelle un « prince turc qu'on y gardait avec beaucoup de « soin. » C'est ce qui a été écrit, il y a long-temps, par M. de Saint-Foix, et ce fait est attesté par plusieurs autres écrivains. Ne serait-il pas assez vraisemblable, s'écrie sur cela M. de Saint-Foix, toujours livré à la manie de voir le duc de Montmouth dans le masque de fer, ne serait-il pas *assez vraisemblable* qu'un matelot provençal, plus familiarisé avec les noms de *Mustapha*, de *Sélim*, de *Mamouth, qu'avec les noms anglais*, ait cru lire Mamouth, au lieu de Montmouth, sur *l'assiette d'argent* jetée par la fenêtre, *où d'ailleurs le nom de Montmouth, écrit avec la pointe d'un couteau, pouvait ne pas être lisible?* M. de Saint-Foix oubliait dans ce moment que le matelot par qui l'assiette fut ramassée ne savait pas lire; il oubliait encore qu'il en était convenu lui-même; mais cette chimère est trop absurde pour qu'il soit besoin de s'y arrêter. La vérité est qu'on sut, ou que le bruit courut qu'il y avait un prince turc à la citadelle de l'île Sainte-Marguerite, dans le temps que le masque de fer y était secrètement détenu. *Le masque de fer passait en Provence pour un prince turc*; et il suit de là évidemment que le *prince turc*, c'est-à-dire le masque de fer, est le malheureux patriarche habillé à l'orientale, habillé en turc au moment de son débarquement.

C'est ainsi qu'il perce, qu'il échappe presque toujours quelque chose des événements un peu intéressants, de quelques ténèbres qu'on cherche à les envelopper : il aurait fallu un miracle pour réduire au silence les matelots de la barque sur laquelle il avait été transporté. Ces gens ignares et grossiers prirent le *patriarche pour un prince turc* : ils virent mal, ils jugèrent mal, ils répandirent à leur façon la vérité.

VISITE DE NÉLATON AU MASQUE DE FER, RAPPORTÉE PAR M. DE SAINT-FOIX.

M. de Saint-Foix rapporte un fait que nous n'avons garde de négliger. Il dit, dans son mémoire, « qu'un nommé Nélaton, chirurgien anglais, « qui allait tous les matins au café de Procope, y « a raconté plusieurs fois en sa présence, qu'étant « premier garçon chez un chirurgien près la porte « Saint-Antoine, on vint un jour le chercher pour « une saignée, et qu'on le mena à la Bastille; que « le gouverneur l'introduisit dans la chambre d'un « prisonnier qui avait la tête couverte d'une « longue serviette, *nouée derrière le cou*; que ce « prisonnier se plaignait de grands maux de tête; « que sa robe de chambre était *jaune et noire à* « *grandes fleurs d'or*, et qu'à son accent il avait « très-bien remarqué qu'il était Anglais. »

Il s'agit ici *du masque de fer*; M. de Saint-Foix ne voit que lui, n'entend parler que de lui dans cette occasion. De mon côté, je suis très-porté à croire, qu'à l'exception de l'accent que le chirurgien crut anglais, et qui ne l'était pas, il y a beaucoup de vérité dans son récit. De quelle manière le prisonnier se plaignait-il de ses grands maux de tête? Nélaton s'entretint-il avec lui? Cela n'est pas possible et ne peut pas se supposer; le malade ne lui parla sans doute que par signes, et par des accents qui étaient les accents de sa douleur; mais ces accents devaient avoir un air et un son étrangers; c'est ce qui trompa Nélaton. Ce n'est point en parlant, on le répète encore, que le prisonnier se plaignait de ses maux de tête; car s'il avait parlé, comment Nélaton n'aurait-il pas remarqué à son accent qu'il était Anglais? Comment enfin le prisonnier n'aurait-il pas lâché quelque mot anglais en reconnaissant qu'il avait affaire à un compatriote? Il est impossible que M. de Saint-Foix n'ait pas fait à Nélaton toutes les questions que comportait cette circonstance; qu'il n'ait pas cherché à s'assurer au moins de l'époque précise de cette visite, ce qui était aussi important que facile; et qu'enfin il ne l'ait pas pressé de toutes les manières et dans tous les sens pour en tirer d'autres éclaircissements. Mais, comme il ne trouva pas dans les réponses de Nélaton ce qu'il aurait désiré pour l'appui de son système touchant le duc de Montmouth, et que tout, au contraire, tendait probablement à le détruire, il a évité de les rapporter; il s'est borné à dire que Nélaton avait très-bien remarqué à l'accent du prisonnier qu'il était Anglais, et on doit lui savoir gré d'avoir eu assez d'empire sur lui-même pour ne pas en dire davantage.

Ce prisonnier était sans doute l'homme au masque de fer, ou, ce qui est la même chose, notre patriarche. Le gouverneur devait être bien sûr que cet infortuné manquait de tout moyen de se faire entendre, pour s'être ainsi décidé, même dans la circonstance la plus pressante, à introduire auprès de lui un chirurgien étranger.

RÉFLEXIONS A CETTE OCCASION.

Le récit de Nélaton donne lieu à des observations qui paraîtront des minuties et le sont peut-être, mais qui feront néanmoins la plus grande sensation sur tout homme ayant quelque connaissance des manières du Levant.

La première regarde la longue serviette, dont le prisonnier avait la tête couverte et enveloppée. Dès qu'un Turc ressent à la tête la plus petite douleur, il se l'enveloppe avec un grand linge, qu'il noue à peu près comme Nélaton représente la serviette du prisonnier. Les Turcs vont dans les rues, dans les maisons, avec cette enveloppe. C'est chez eux une habitude prise dès l'enfance. C'est leur costume, et on sait combien les Orientaux sont constants et uniformes dans leurs usages. Indépendamment de l'obligation d'avoir toujours le visage caché, ce costume devait être celui du prisonnier masqué, du patriarche, à la Bastille comme à Constantinople.

La robe de chambre fournit la seconde observation; elle était *jaune et noire à grandes fleurs d'or*, elle offrait donc des nuances si bizarres qu'on aurait sans doute de la peine à trouver une pareille étoffe dans toutes nos manufactures. On ne soupçonnera pas qu'elle fît partie des emplettes que madame Le-Bret avait été chargée de faire pour le prisonnier. C'est néanmoins ce mélange singulier de couleurs qui plaît de préférence aux Orientaux. C'est celui surtout que se permettent les prélats du premier rang, quand ils veulent allier la modestie de leur état avec un peu de faste. On y reconnaît une étoffe, une espèce de siamoise, qui de tous les temps s'est fabriquée à Venise, et qui fait un des grands objets du commerce de cette république à Constantinople et dans tous les états du grand-seigneur; l'habillement turc qu'avait le patriarche, lorsqu'il fut enlevé, lui servait en France de robe de chambre et paraissait en être une. Il devait d'autant plus se plaire à s'en revêtir, qu'ayant été vendu et livré par un Turc, c'était probablement la seule chose qui lui fût restée de son pays [1].

M. Ruffin, homme d'esprit, et très-savant dans la connaissance des langues orientales, le même qui, en qualité de ministre de France, a été enfermé aux sept tours pendant notre guerre contre

AU MASQUE DE FER.

DES ÉGARDS QU'ON AVAIT POUR LE PRISONNIER.

L'empressement du gouverneur de la Bastille à procurer au masque de fer un chirurgien même étranger, malgré les risques d'une pareille démarche, rappelle les égards qu'on eut toujours pour ce fameux prisonnier, et touchant lesquels se sont unanimement accordés tous ceux qui ont parlé de lui. Indépendamment des égards qu'on devait au patriarche, à sa dignité, à l'éminence de sa place, il est aisé de sentir qu'une sage politique en exigeait de très-marqués de la part du gouvernement, surtout dans les premiers temps de sa détention. Si, comme la chose était très-possible, on eût été malheureusement contraint à le rendre, il était de la dernière importance que le patriarche eût à se louer des bons traitements qu'il aurait éprouvés en France, et, qu'à l'exception de la privation de sa liberté, il fût du moins obligé de vanter nos bons procédés.

Ces égards, en général, sont très-vrais; mais ils ont été exagérés, et on en rapporte sans doute qui n'ont aucun fondement. Qu'on juge des bruits qui ont couru sur ce sujet, par les deux visites respectueuses que Voltaire et le duc de Nivernois font rendre au prisonnier, l'une par M. de Louvois

les Turcs, fut frappé de la justesse et de la vérité de ces deux observations.

et l'autre par M. le duc d'Orléans régent. On en a conclu hardiment que le prisonnier était un très-grand prince, au lieu d'en conclure que ces visites étaient impossibles. M. de Louvois, qui était mort en 1691, fait la sienne en 1698, et M. le régent rend le même honneur au prisonnier en 1723, tandis que ce prisonnier était mort en 1703.

RAISONS QUI ENGAGÈRENT A TENIR TOUJOURS MASQUÉ LE PRISONNIER.

Qui aurait imaginé que le masque tenait à ces égards, à ces procédés? Cela est néanmoins très-vraisemblable. Peu de précautions auraient suffi pour qu'on ne craignît pas que le prisonnier pût dévoiler le mystère de sa prison. Il ignorait notre langue; il ne pouvait pas se faire entendre; mais le hasard aurait pu faire qu'il fût reconnu, ou du moins qu'il fût reconnu pour un étranger. Sa barbe patriarchale surtout aurait étonné; elle pouvait faire faire des raisonnements, et les raisonnements conduire à quelque découverte. Les Orientaux tiennent à leur barbe, plus encore que les Portugais n'y tenaient, lorsqu'un de leurs vicerois dans l'Inde, n'ayant pu trouver une légère somme à emprunter en hypothéquant tous ses biens, obtint cent mille ducats d'or, dès qu'il se fut déterminé à donner sa moustache pour caution. L'action d'obliger le patriarche à s'en défaire, ou de la lui couper, aurait été le plus grand de tous les affronts ; il aurait effacé le mérite de tous les autres bons traitements, aurait jeté dans son ame la plus cruelle amertume, et lui aurait inspiré un désir de vengeance qu'il n'aurait pas manqué de satisfaire, si jamais il était parvenu à recouvrer sa liberté [1]. On lui laissa probablement le choix de renoncer à sa barbe ou de porter un masque, et le masque fut préféré. Il conservait sa barbe avec d'autant plus de soin, qu'on peut présumer qu'on le consolait quelquefois par l'espérance de le renvoyer dans son pays. D'ailleurs ce n'était qu'en portant ce masque qu'il lui était permis de jouir de quelques petites libertés. Il assistait à la messe, comme on le voit dans le journal de M. Dujonca. On le menait aussi de temps en temps dans une salle, où la vue des amusements de quelques officiers de la Bastille était une légère distraction à ses ennuis.

[1] L'aventure du coche d'Auxerre, en 1787, prouve la vérité de ces réflexions : le Turc qui y périt avait souffert patiemment toute sorte d'insultes ; mais dès qu'on toucha à sa barbe, il entra en fureur, se jeta sans distinction sur tous les passagers et immola une foule de victimes à son honneur outragé.

La maréchaussée de Sens le tua à coups de fusil, dans le coche même, comme une bête féroce, sans oser jamais l'approcher.

OBSERVATIONS SUR UNE LETTRE DE M. DE PALTEAU.

M. de Saint-Mars, en le conduisant à la Bastille, le garda pendant quelques jours avec lui à Palteau, près de Villeneuve-le-Roi. On prétend qu'on s'y souvient encore qu'il s'y promena plusieurs fois dans les jardins du château, le masque sur le visage, accompagné d'un seul homme. On craignait plus qu'il ne fût reconnu, que de le voir échapper. Que serait-il devenu s'il eût pris la fuite? Un étranger tel que lui n'aurait senti que le poids, que l'embarras de sa liberté, et il aurait été repris aussitôt, parce qu'il lui aurait été impossible de se cacher. Si le prisonnier avait été un prince, un duc de Beaufort seulement, un comte de Vermandois, un duc de Montmouth, et encore plus un Condé, je demande si on se serait cru assuré d'eux avec d'aussi légères précautions? si M. de Saint-Mars aurait osé s'arrêter pendant plusieurs jours à Palteau pour son plaisir ou sa convenance? Quand on est chargé de pareils prisonniers, on a hâte de les mettre en sûreté.

RÉFLEXIONS SUR LE SILENCE QU'IL GARDA TOUJOURS, ET QUI A FAIT CROIRE QU'IL LUI ÉTAIT DÉFENDU DE PARLER SOUS PEINE DE LA VIE.

On a dit, on a répété qu'il lui était défendu, sous peine de la vie, de se faire connaître, de dire qui il était. Cela fut sans doute imaginé, parce qu'on ne l'entendit jamais parler, qu'on ne l'entendit jamais se plaindre distinctement. Mais, s'il ne parlait pas, c'est qu'il avait éprouvé si souvent qu'il parlait en vain, qu'il y avait renoncé. On ne l'entendait pas, on ne lui répondait pas. Son langage était inintelligible pour tous ceux qui l'approchaient. Il prit ainsi l'habitude d'un silence absolu. Il fut réduit uniquement à soupirer ses douleurs et son désespoir. Tout ce qu'on a publié sur son sujet n'est qu'un amas de contradictions qui ont paru incompréhensibles et inconciliables, tant qu'il a été ignoré. Mais tel est le pouvoir de la vérité, que ces contradictions disparaissent, s'évanouissent toutes, dès qu'il est connu.

Cette défense de se faire connaître sous peine de la vie fait souvenir de l'assiette d'argent, ou de la chemise roulée que le prisonnier jeta par la fenêtre. Ce qu'il y avait écrit contenait probablement l'histoire de son enlèvement et de son infortune. Il espérait que la Providence, à laquelle il abandonnait cet écrit, le ferait tomber entre les mains de quelqu'un qui pourrait le lire; et que, venant ensuite à se répandre d'une manière ou d'autre dans le monde, le bruit en pourrait parvenir jusqu'à ceux qui s'intéressaient à lui. Mais si la crainte de perdre la vie l'empêchait de dire qui il était en parlant, comme on l'a tant répété, comment n'était-il pas arrêté par cette même crainte en écrivant? Quelque frappante que soit cette contradiction, il est singulier que personne encore ne l'ait sentie, que personne du moins ne l'ait relevée, parmi tant d'auteurs qui ont écrit sur ce sujet. La vérité est que, quoiqu'on ait dit, il n'avait ni ne pouvait avoir cette crainte. Tout lui disait au contraire que la connaissance qu'il aurait pu donner de son enlèvement était le seul moyen de recouvrer sa liberté.

LUMIÈRES QUE NOUS DONNE, SUR CET ÉVÉNEMENT, L'HISTOIRE DE L'INQUISITION FRANÇAISE.

Le patriarche éclaircit tout ce qui a paru obscur, tout ce qui a étonné dans l'homme au masque de fer. A l'aide de ce flambeau, la vérité se montre de tous côtés avec le plus grand éclat, et produit une foule de preuves qui ne laissent que la peine de choisir. Il en est une très-singulière, à laquelle personne ne s'est arrêté, et que M. de Saint-Foix, qui l'avait aperçue, a même rejetée avec le dernier dédain, par une suite du mépris qu'il déclare avoir pour l'ouvrage qui la contient. On la trouve dans l'*Histoire de la Bastille*, par Constantin de Renneville, imprimée, pour la première fois, en 1716.

« Renneville, dit Saint-Foix, fut enfermé à la
« Bastille, dix-sept ou dix-huit mois avant la mort
« du prisonnier masqué, et il y resta plusieurs

« années. Il raconte qu'un jour, étant entré dans
« une salle, on fit promptement tourner le dos à
« un homme qui y était, pour qu'il ne pût lui
« voir le visage ; que Reilhe, le chirurgien major,
« et Ru, le porte-clefs, lui dirent, quelque temps
« après, que ce prisonnier était d'une naissance
« distinguée ; qu'à la sollicitation des jésuites,
« Louis XIV l'avait condamné à une prison per-
« pétuelle ; qu'il avait été auparavant à l'île Sainte-
« Marguerite, d'où M. de Saint-Mars l'avait amené
« à la Bastille, avec des précautions extraordi-
« naires pour que personne ne le vît dans la route ;
« que cependant, deux ou trois mois après qu'il
« l'eut vu ainsi par hasard, il obtint des jésuites
« sa grace et son élargissement. »

On reconnaît dans ce récit, dont j'ai retranché diverses puérilités inutiles, le génie et les manières des gens employés à la Bastille. Ils mêlent indifféremment le vrai et le faux ; ils disent souvent le contraire de ce qui est et de ce qu'ils savent ; on les voit assurer que les prisonniers qui ont obtenu leur liberté sont morts, et que ceux qui sont morts ont obtenu leur liberté : par exemple, ils savaient positivement que l'homme masqué, dont ils parlaient à Renneville, était mort, puisque *Reilhe* lui-même avait signé comme témoin sur le registre de sépulture, en 1703 ; et cependant, ils lui disent, peu de mois après, qu'il a obtenu son élargissement. Mais, comme ce sont ordinairement des gens assez grossiers, il perce presque toujours quelque vérité à travers leurs fausses confidences. On voit, dans celle de ces deux hommes, qu'ils parlaient très-certainement de l'homme au masque de fer. Ils racontent que ce prisonnier avait été mis d'abord aux îles Sainte-Marguerite; que de là, M. de Saint-Mars l'avait amené à la Bastille avec des précautions extraordinaires, et, ce qui est essentiellement remarquable, ils ajoutent qu'il avait été condamné à une prison perpétuelle, à la sollicitation et par le crédit des jésuites. Ces deux officiers de la Bastille confirment ainsi l'identité qui résulte de ce qu'a dit M. le marquis de Bonnac, et de ce que rapporte M. Dujonca. C'est l'histoire du patriarche arménien, c'est l'histoire du masque de fer, ou, pour mieux dire, c'est celle du patriarche seul, sous le nom de deux personnages différens; on ne peut s'empêcher de l'y reconnaître; tous ces divers traits le désignent trop exactement.

Renneville, quoi qu'en dise Saint-Foix, est vrai, et ne peut être que vrai dans les détails qu'il nous donne. Il n'avait aucun intérêt, dans cette occasion, à altérer ou à défigurer la vérité. Le prisonnier lui fut toujours inconnu; il ne le vit jamais qu'une seule fois par hasard, très-rapidement, et il raconte naïvement ce qu'il a vu, et ce qu'on lui a dit. Persuadé que cet homme avait été enlevé, jeune encore, à ses parents par les jésuites, son seul but est de le bien dépeindre, pour tâcher de le faire reconnaître par ceux auxquels il pourrait appartenir. *Les officiers*, dit-il, *firent tourner le dos à cet homme, lorsque je l'aperçus dans la salle, où par méprise je fus introduit avec lui.* Mais, frappé de la précaution que l'on prit pour qu'on ne lui vît pas le visage, il ne s'attacha que plus fortement à saisir ce qu'on ne put lui cacher. *Cet homme*, ajoute-t-il, *dont je n'ai pu savoir le nom, était de moyenne taille, bien traversé, portant cheveux d'un crêpé noir, fort épais, dont pas un n'était encore mêlé.* Ces cheveux, tels que Renneville les décrit, il n'aurait pu sans doute les remarquer si bien au premier coup d'œil, si le prisonnier ne les eût pas portés en rond, selon le costume des ecclésiastiques, au lieu de les avoir attachés et ajustés à la manière française. On voit encore dans cette observation, que le prisonnier, quoiqu'on lui accordât tout ce qu'il désirait, n'était guère recherché à cet égard, puisque Renneville fut si promptement frappé par la couleur de ses cheveux, par leur crêpure naturelle. Telle est la chevelure des prêtres arméniens, et de tous les prêtres orientaux. La poudre leur est absolument inconnue; ils portent les cheveux que la nature leur donne, et tels qu'elle les leur donne : les Arméniens, surtout, les ont ordinairement noirs, forts et crépus, ou plutôt hérissés. Un homme blond serait un phénomène parmi eux. Ils sont aussi très-vigoureux, d'une taille moyenne en général, larges d'épaules et *bien traversés*, pour parler comme Renneville. *Cette expression impropre*, quoi qu'en ait dit M. de Saint-Foix, peut être pardonnée et paraître tolérable, par le rapport qu'a cette nation agreste avec la nature de ses chevaux.

Le journal de M. Dujonca, auquel il faut toujours en revenir, comme au titre le plus authentique, porte .... « que le prisonnier inconnu, tou-
« jours masqué d'un masque de velours noir,
« mourut à la Bastille, le lundi 19 novembre
« 1703, sur les dix heures du soir, et qu'il fut en-
« terré le lendemain dans le cimetière de Saint-
« Paul, paroisse de la Bastille. »

Le registre de sépulture, entièrement conforme à cet article du journal de Dujonca, lui donne, outre cela, le nom de Marchialy, et le dit âgé de quarante-cinq ans ou environ.

Divers écrivains ont fort raisonné sur ce nom de Marchialy. Le père Griffet, supposant que le masque de fer était le comte de Vermandois, imagina qu'on avait voulu peut-être le désigner obscurément dans le tombeau par le nom de

Marchialy, parce qu'on trouvait dans ce mot l'anagramme de *hic amiral*. M. de Saint-Foix, qui s'occupa sérieusement du même objet, se montra très-opposé à cette opinion, et la réfuta. Il remarqua ensuite sur ce nom de Marchialy, le prenant pour un nom propre, « qu'il était très-ex-
« traordinaire qu'on eût enterré un homme dans
« un cimetière chrétien, et qu'on eût mis son
« nom sur le registre de sépulture d'une paroisse,
« sans y joindre le nom de baptême, le principal
« signe de notre religion, et qu'on n'est ni juif,
« ni mahométan. »

Un ami du père Griffet se mêla dans la querelle, et on rapporte de lui une assez longue lettre. Le ton railleur et ironique qui y règne est assez saillant pour faire sentir que l'auteur s'y joue, et de la discussion, et de M. de Saint-Foix. « Je ne désespère pas, ajoute cet ami du père Grif-
« fet, de voir soutenir un jour que ce célèbre
« inconnu était le sultan Mahomet, détrôné en
« 1687. On sait que le sort de ce prince, après
« sa déposition, est assez incertain. L'on ajoutera
« que le prisonnier passait, en province, pour un
« prince turc. Point de nom de baptême; il est
« appelé, sur le registre de Saint-Paul, Marchialy,
« nom turc, au moins à demi; sa taille, son ac-
« cent étranger et quelques autres circonstances,
« paraîtront très-propres à confirmer cette con-
« jecture. »

4

Voici enfin divers traits qu'on se croit en droit de donner, non comme preuves de raisonnements, mais comme preuves de fait; et il nous semble que tout homme qui voudra se donner la peine de réfléchir, demeurera convaincu qu'elles sont le complément de toutes les autres.

PREMIÈRE PREUVE.

En 1782, je lus ce mémoire à M. l'abbé de Nolhac[1], autrefois recteur du noviciat des jésuites à Toulouse, et alors chanoine et curé de Saint-Simphorien d'Avignon. Tandis que je lisais, il m'interrompit à diverses reprises, en me disant : *Vous avez raison, vous avez raison;* et impatient de justifier le jugement qu'il portait de ma découverte, il m'arrêta avant que j'eusse fini de lire, pour me raconter le fait suivant.

Vers 1753, c'est-à-dire dans le temps que l'imagination de plusieurs écrivains, mise en mouvement par le récit de M. de Voltaire, s'agitait le plus fortement à l'occasion du masque de fer, devenu le sujet de toutes les conversations, le père de *Layre*, vieux jésuite, fatigué de tous les propos absurdes qu'il entendait, dit d'un ton de mauvaise humeur, en présence du père de *Nolhac* et de plusieurs autres jésuites : « On fait beau-
« coup de bruit sur un fait qui n'intéresse per-
« sonne en France, et qui est bien loin de méri-

[1] fut en 1790 une des victimes de la Glacière d'Avignon.

« ter la peine qu'on se donne pour le découvrir ;
« il n'a absolument rapport qu'à nos missions du
« Levant. »

DEUXIÈME PREUVE.

Je me trouvais dans la chambre du père Brottier, aussi célèbre par la plus vaste érudition, qu'estimable par toutes les qualités qui font l'honnête homme. Monté sur une échelle, il s'occupait à arranger des livres au plus haut des rayons de sa bibliothéque. Tout-à-coup, je lui dis : Mon père, j'ai fait une singulière découverte. Quelle est cette découverte? me répondit-il, en suspendant son travail, et tournant la tête de mon côté. J'ai découvert, lui répliquai-je, l'homme au masque de fer. A ce mot, il me regarda, il me fixa d'un air étonné que je ne saurais rendre, et sans rien répondre, il se remit à son ouvrage. Mon ton et mon air, teints peut-être d'un peu de malignité, lui en firent probablement soupçonner plus qu'il ne désirait. Voulez-vous, continuai-je, que je vous dise ce secret? Non, me répondit-il, sans me regarder, je ne veux pas le savoir. Vous ne voulez pas le savoir, répliquai-je vivement ; c'est donc une preuve que vous le savez. Il ne répondit rien, s'enveloppa dans un silence absolu, et tout finit-là. Les mémoires des missions du Levant, dans lesquels il est souvent question d'Arwediks, sont en grande partie du père Brottier qui connaissait bien certainement le fond et tous les détails de cette aventure. Je demande donc si son silence et sa manière jésuitique n'équivalent pas à un aveu?

On pourrait ajouter à cette preuve une autre preuve du même genre, qui me fut fournie dans le même temps par un autre jésuite : c'est le père *Kerbeuf* ou Quillebeuf, ainsi que le duc de Choiseul, piqué contre lui, le nomme dans ses mémoires. Le père Kerbeuf avait travaillé, conjointement avec le père Brottier, aux Mémoires des missions de la société dans le Levant, et l'aventure du patriarche ne lui était pas moins connue. Instruit, par le marquis de Créqui, que j'avais découvert le masque de fer, il ne m'en parla jamais, quoique je me fusse trouvé plusieurs fois avec lui. De mon côté, je ne lui en parlai pas davantage, pressentant que, conduit par le même esprit que le père Brottier, il m'aurait également répondu, *je ne veux pas le savoir;* ou que, sans me répondre, il aurait aussitôt pris la fuite.

TROISIÈME PREUVE.

Un jésuite, *gros collier de l'ordre*, disait à M. Duclos, *que le masque de fer était une sottise de la société qu'il fallait ensevelir dans l'oubli.* Ce fait est imprimé depuis long-temps; il a été attesté plusieurs fois par M. Duclos, et sa véracité est connue. Je demande donc encore si ce propos n'est pas une nouvelle preuve de ma découverte?

QUATRIÈME PREUVE.

M. de Pontchartrain avait la Bastille dans son département; l'aventure du patriarche lui était donc parfaitement connue. Pressé un jour par des personnes d'une grande considération, par des parents, par des amis, de leur apprendre quelque chose sur le masque de fer, il se borna à leur répondre : *Que tout ce qu'il pouvait faire était de leur assurer avec vérité que tout cela n'était rien;* et il s'en tint là, sans vouloir en dire davantage.

Ce fait a été attesté par madame de Flamarens, nièce de M. de Pontchartrain.

CINQUIÈME PREUVE.

On sait que Louis XV a dit plusieurs fois à M. de Laborde, son premier valet de chambre..... *La prison de cet infortuné n'a fait tort à personne qu'à lui.*

Ce propos de Louis XV a été très-connu; mais personne n'a été encore en état de l'expliquer, parce que le personnage auquel il se rapportait était toujours resté inconnu. Mais ce qu'on n'a pas fait, ce qu'on n'a pas même osé tenter, il est présentement très-aisé de le faire.

Oui, sans doute, la prison de cet infortuné n'a fait tort à personne qu'à lui. La prison d'Arwediks ne dérangea ni état ni fortune dans l'ordre civil de ce monde. Né dans le fond de l'Arménie, d'une famille obscure et misérable, comme tous ceux qui, dans ces contrées, embrassent l'état ecclésiastique, il avait été connu à Erzerum de Molla-Fezula qui, ayant été fait grand muphti, l'appela à Constantinople, où il l'éleva à la dignité patriarchale. Tombé bientôt de son trône, il fut remplacé par un autre qui ne tarda pas à en tomber comme lui. Quelle que soit la destinée d'un patriarche, qu'il meure dans son lit, qu'il soit destitué, exilé ou mis à mort, son clergé ou le sultan se hâtent vite de s'emparer de sa fortune. Quand donc même Arwediks n'aurait pas été enlevé et enfermé à la Bastille, il est évident qu'uniquement réduit à son individu, il aurait disparu de ce monde, sans laisser plus de trace sur la terre qu'un nuage emporté par les vents n'en laisse dans les airs.

Voilà l'explication claire et simple, et du propos de Louis XV, et du *rien* de M. de Pontchartrain ; ce propos et ce *rien* étaient exactement vrais, et cette explication en démontre la vérité.

Il est inutile de nous étendre davantage ; nous

nous permettrons seulement de remettre en peu de mots sous les yeux du lecteur les traits principaux qui servent de base à ce mémoire.

Selon la tradition universelle, et d'après tout ce qui a été écrit par différens auteurs, on convient unanimement que le masque de fer fut d'abord enfermé à l'île Sainte-Marguerite; que de là, il fut transféré à la Bastille, et que ce fut M. de Saint-Mars lui-même qui l'y conduisit, en allant prendre possession de son gouvernement.

D'un autre côté, on a su très-certainement par M. le marquis de Bonnac, que le patriarche avait été d'abord enfermé à l'île Sainte-Marguerite; que de là, il avait été transféré à la Bastille, et que les jésuites étaient les auteurs de son enlèvement et de son arrestation.

Enfin, Renneville, qui, pendant son séjour à la Bastille, y vit par hasard une seule fois, très-rapidement, le prisonnier inconnu, rapporte, comme l'ayant appris, dans le temps, des officiers mêmes de la Bastille, que ce prisonnier avait été d'abord enfermé à l'île Sainte-Marguerite; que de là, il avait été transféré à la Bastille; que c'était M. de Saint-Mars lui-même qui l'y avait conduit, en allant prendre possession de ce gouvernement, et qu'il avait été arrêté à la sollicitation et par le crédit des jésuites. *Inquisition française.*

De ces trois faits qui s'accordent si bien, qui

sont si semblables, qu'on peut assurer qu'ils n'en font qu'un, on n'a pu que conclure que le masque de fer de la tradition, l'inconnu de Renneville et le patriarche du marquis de Bonnac, ne sont que le même personnage, et que, par conséquent, le patriarche est le prisonnier inconnu, le masque de fer.

Cette première base établie, on a exposé les raisons de politique, toutes de la plus grande importance, qui avaient commandé les précautions les plus extraordinaires dont on avait usé pour empêcher que le patriarche ne fût jamais reconnu, c'est-à-dire pour dérober le prisonnier inconnu, le masque de fer, à tous les regards. De là, on a passé aux rapports que M. Le-Bret eut et dut avoir avec le patriarche; ce qui a conduit tout naturellement aux emplettes que madame Le-Bret, mère de M. Le-Bret, fit pour le masque de fer, d'abord après son débarquement.

On n'a pas oublié le garçon chirurgien que M. de Saint-Mars amena lui-même au masque de fer, dans un moment sans doute où l'on craignit inopinément pour sa vie. On a remarqué que M. de Saint-Foix, qui rend compte de cette visite, s'est particulièrement attaché aux détails qui lui ont paru propres à favoriser son opinion touchant le duc de Montmouth; mais que ces mêmes détails, par un effet bien opposé à son but, ont toujours désigné très-distinctement notre malheureux patriarche. On l'a reconnu à ce silence auquel il était forcé par l'ignorance de notre langue, et qui a fait dire si souvent qu'il lui était défendu de parler, sous peine de la vie; on l'a reconnu à cet accent étranger, qui perçait au travers des cris et des exclamations que lui arrachait le vif sentiment de sa douleur; à cette serviette dont il avait la tête enveloppée, selon l'usage de l'Orient; à sa robe de chambre, cette robe jaune et noire à grandes fleurs d'or, qui, dans son pays, était son habillement ordinaire, et la seule chose probablement qui lui fût restée du Levant. On a vu que le bruit courut en Provence qu'il y avait à la citadelle de l'île Sainte-Marguerite un prince turc qu'on y gardait avec le plus grand soin, dans le même temps que le masque de fer y était secrètement détenu, et qu'il y était gardé avec des précautions extraordinaires; et, ce qui est encore plus précis, on a vu que le masque de fer passait en Provence pour un prince turc. Qu'on joigne à tout cela les preuves par lesquelles nous avons terminé ce mémoire, c'est-à-dire l'aveu que l'impatience arrache à un vieux jésuite, que cette affaire n'a absolument rapport qu'aux missions de la société dans le Levant; le témoignage volontaire d'un autre de ses confrères, d'un gros collier de l'ordre, qui dit à

M. Duclos que le masque de fer n'était qu'une sottise de la société qu'il fallait ensevelir dans l'oubli; le silence expressif du père Brottier, qu'on peut regarder comme équivalent à ce témoignage et à cet aveu; le propos de Louis XV, que l'arrestation de cet infortuné n'a fait tort à personne qu'à lui; le mot de M. de Pontchartrain, qui assure que tout cela n'est rien; et on demandera si tant de traits, tant de faits, par lesquels on a signalé le masque de fer, et qui lui appartiennent incontestablement, mais qui n'appartiennent pas moins incontestablement à notre patriarche, ne sont pas bien clairement la preuve de leur identité, et s'ils ne doivent pas suffire pour convaincre et persuader les esprits les plus difficiles et les plus incrédules. Chaque fait, pris en particulier, n'est pas, on le sait, une preuve formelle; mais tous ensemble, ils se lient, ils s'enchaînent si naturellement, qu'il en résulte une véritable démonstration. Il en est de cela comme des rayons du soleil, qui, en demeurant épars, ne font qu'échauffer sans brûler; réunis dans un foyer, par le moyen d'un verre, ils consument tous les objets qu'on leur présente.

AU MASQUE DE FER.

RÉFLEXIONS DE L'AUTEUR A L'OCCASION DU MÉMOIRE PRÉCÉDENT.

Telle est la solution que j'avais trouvée de ce fameux problème historique. Flatté d'une découverte que tant de gens avaient vainement tentée, ma première idée fut d'en faire part à M. de Vergennes. Je lui devais cet hommage, en qualité de ministre des affaires étrangères, dans une affaire qui regardait un étranger, et comme ayant été employé moi-même dans ce département. Cependant, comme je voulais être certain qu'il ignorait qui était le *masque de fer*, je pris un détour pour m'en assurer. Je lui écrivis que j'avais fait cette découverte, mais qu'étant très-possible qu'il fût mieux instruit que personne du fond et des détails de ce mystérieux événement, il y aurait tout au moins une sorte de ridicule dans mon empressement à prétendre le lui dévoiler. Il me répondit sur-le-champ. Sa lettre portait qu'il pouvait être important d'avoir sur ce personnage des notions certaines, que les monuments historiques et la tradition des contemporains n'en offraient aucune à laquelle on pût s'arrêter, et que, si celles que j'avais recueillies me paraissaient plus dignes de confiance, il les recevrait avec reconnaissance. Je me hâtai de lui obéir; mais, par égard pour ses occupations, j'abrégeai beaucoup mon mémoire, et je l'en prévins en le lui envoyant.

Je ne tardai pas à suivre ma lettre. Arrivé à Paris, j'appris que M. Hennin avait été chargé de la vérification de mon mémoire, et que toutes mes lettres lui étaient renvoyées. Les sentiments d'Hennin m'étaient connus depuis long-temps; mais quelle que fût sa mauvaise volonté, je n'y songeais qu'avec la plus profonde indifférence [1]. Je me disais toujours avec confiance que rien ne saurait résister à la force de la vérité. J'étais pleinement persuadé que la vérification, que le ministre aurait fait faire de mes assertions dans les archives des affaires étrangères, ne servirait qu'à mieux assurer mon triomphe. Je pensais ainsi

---

[1] Hennin voulut faire croire que j'avais pris ma découverte dans les affaires étrangères, ce qui en aurait fait pour moi un secret d'état que j'aurais été criminel d'avoir violé. Malheureusement pour lui j'ai mon titre, et je le garde soigneusement pour ma justification, quoiqu'on ait usé de quelque ruse pour m'engager à en faire don à M. de Vergennes, ou aux affaires étrangères [*]. D'ailleurs les fautes, les erreurs, les méprises dans lesquelles je suis tombé forcément, parce qu'elles étaient dans la nature même de la chose, prouvent que je n'ai rien pris dans les titres originaux. Il a même fallu que je commisse toutes ces fautes pour parvenir jusqu'à la vérité. Si j'eusse été mieux instruit, si j'eusse vu les papiers des affaires étrangères, leur contradiction manifeste avec le journal de Dujonca m'aurait empêché de songer à cette recherche, et jamais peut-être le prisonnier inconnu n'aurait été découvert.

[*] Le mémoire du marquis de Bonnac. J'en ai fait présent depuis à M. Dangosse, arrière-petit-fils du marquis de Bonnac.

avec une si entière sécurité, que je déclarai hautement plusieurs fois que je m'engageais d'avance à répondre à toutes les objections qu'on pourrait me faire, par autant de démonstrations. Jamais peut-être rien ne m'avait paru d'une si grande évidence. Je ne sentais pas plus clairement mon existence, que je ne reconnaissais le patriarche dans tous les traits du masque de fer. Mais je ne tardai pas à être puni de cette confiance téméraire, et je n'eus que trop lieu de me rappeler une maxime que j'avais souvent entendu répéter par M. D'Alembert... *C'est qu'il ne faut ni rien nier, ni rien affirmer dans ce monde.* Si j'avais eu cette maxime présente, si je l'avais pratiquée, je me serais épargné une grande confusion. Cette confusion fut extrême ; elle fut en raison de ma méprise, c'est-à-dire ce qui avait été dans une erreur la conviction de mon esprit et la persuasion intime de mon cœur. Une seule objection, à laquelle on jugera qu'il était impossible que j'eusse rien à répondre, renversa de fond en comble toutes mes preuves, détruisit tous mes raisonnements, anéantit tout d'un coup ma découverte. Mais l'aveu en fût-il plus humiliant, ne le différons pas plus long-temps. Je déclare donc qu'il me fut prouvé par des titres incontestables que le patriarche, ce patriarche que j'avais vu, que j'avais reconnu si distinctement sous le masque, était à Constantinople dans le temps que Marchialy, que j'ai donné, que tout le monde a pris pour le masque de fer, était à la Bastille. Je déclare de plus que ce même patriarche vécut à Constantinople, et qu'il y vécut de notoriété publique, plusieurs années encore après que Marchialy eut été enterré à Saint-Paul, paroisse de la Bastille.

Serait-il donc possible qu'une preuve aussi fulminante me laissât encore quelque ressource? Disputer à la suite d'un fait aussi *destructif de mon opinion*, et de la vérité duquel je suis obligé de convenir, ne serait-ce pas vouloir porter, de propos délibéré, la prévention à son comble? Quelque téméraire néanmoins que doive d'abord paraître mon obstination, j'oserai le dire, *je sens l'espérance renaître dans mon âme;* et, malgré tout ce que je viens d'avouer contre moi-même, je ne renonce pas à ma découverte. Enhardi même par la foule des nouvelles pensées qui se présentent à mon esprit dans ce moment, je prétends en prouver avec plus de force encore la vérité. Je ne demanderai pour cela qu'une chose, c'est qu'étant démontré qu'il a été commis une multitude de mensonges au sujet du masque de fer, et me trouvant aujourd'hui en état de prouver qu'il n'en a pas moins été commis et du même genre au sujet du patriarche, il me soit permis de penser qu'après tant de mensonges, les fabricateurs de ces mensonges ne se seront pas fait un scrupule d'en forger encore un, qui seul paraissait devoir assurer le succès de tous les autres. Il s'agit d'une falsification, d'une supposition que personne n'a entrevue, que moi-même je n'aurais jamais osé soupçonner. C'est cette falsification qui a produit toutes les erreurs qui se trouvent dans la première partie de ce mémoire. J'y suis tombé aveuglément, parce qu'il me paraissait impossible qu'un homme aussi justement estimé du public que le père Griffet eût osé en imposer à ce public avec autant de hardiesse, et, s'il m'est permis de le dire dans ma colère, avec autant d'effronterie. S'il arrivait donc que cette falsification eût quelque réalité, si je venais enfin à la démontrer, mes assertions, dont je commençais à rougir, loin de rien perdre de leur force, en acquerraient une nouvelle, et la vérité n'en paraîtrait que plus éclatante, après s'être débarrassée de cet amas ténébreux d'impostures, sous lequel on se serait efforcé de l'ensevelir. Mais n'anticipons pas sur les temps. Si je m'abuse, je mériterai doublement d'être confondu; mais si, comme tout m'en assure, je sors victorieux de cette lutte, la confusion restera tout entière à ceux qui auraient voulu m'enlever l'honneur de cette découverte.

Cette nouvelle entreprise exige de grands détails et une longue discussion. J'en ferai une seconde partie. Je la commencerai par un récit simple et naïf, qui servira à répandre le plus grand jour et sur ce que j'ai déjà dit, et sur ce qui me reste encore à dire.

DEUXIÈME PARTIE.

« Avant que d'employer l'autorité d'une pièce
« authentique, il faut commencer par s'as-
« surer qu'elle n'est ni fausse ni falsifiée. »

Traité des différentes sortes de preuves qui servent à
établir la vérité de l'histoire, par le père Griffet;
pag. 214, édition de 1770.

J'allai à Versailles le 1ᵉʳ de juillet 1783. Le hasard m'avait déjà appris qu'on avait fait, par ordre de M. de Vergennes, des recherches aux archives des affaires étrangères relativement au patriarche, et qu'on avait reconnu dans les dates des contradictions qui ne pouvaient se concilier avec mon opinion. Cela ne m'effraya pas. Les rapports qui m'avaient frappé dans les deux personnages étaient en si grand nombre, ils m'avaient paru en prouver si bien l'identité, qu'il ne me restait aucun doute sur ma découverte. Ce qu'on m'avait rapporté ne laissait pas cependant de m'occuper par intervalles, et quoique je me fusse proposé de ne voir que M. de Vergennes, il me vint dans la pensée de faire d'abord une visite à M. Simonin, chef du dépôt des affaires étrangères. Il pouvait être bon que je fusse instruit à l'avance des objections qu'on avait à me faire, et je crus qu'il ne serait pas impossible de tirer de lui quelque éclaircissement. Je n'eus aucun besoin d'adresse pour me procurer ce que je désirais. Il prévint de lui-même mon impatience. Au premier mot qui fut prononcé sur le *masque de fer*, il s'écria : « Vous vous êtes trompé du tout au tout; vous vous êtes fourvoyé entièrement ; il est prouvé, il est démontré de la manière la plus évidente, la plus authentique, que l'homme masqué n'est point le patriarche, et ne saurait être lui. — Comment, répartis-je aussitôt, mais pourtant avec la surprise que devait produire en moi le ton d'assurance de M. Simonin, et avec la crainte que ce ton commençait déjà à m'inspirer, comment me prouverez-vous que je me suis trompé? il serait bien honteux à moi qui, par caractère, crois si difficilement, d'avoir été si facile à croire dans cette occasion, et d'avoir donné aussi légèrement pour une réalité ce qui ne serait qu'un fantôme? Ne doutez pas de ce que je vous dis, répliqua M. Simonin, vous douteriez en vain. » Il me demanda alors dans quelle année le masque de fer avait été transféré à la Bastille? Je lui répondis, conformément à ce que j'avais établi dans mon mémoire, que c'était en l'année 1698, et qu'il y était mort en 1703 : que ces dates étaient certaines, puisqu'elles étaient tirées de la pièce la plus authentique, du journal de M. Dujonca, lieutenant de roi à la Bastille, et que le temps de sa mort était de nouveau prouvé de la manière la plus incontestable par les registres mortuaires de la paroisse de Saint-Paul, où il avait été enterré.

« Il ne m'en faut pas davantage, reprit M. Simonin : ces dates sont votre condamnation ; vous venez vous-même de la prononcer ; il est prouvé par une foule de dépêches du temps que le patriarche était à Constantinople à l'époque où le masque de fer se trouvait à la Bastille. Il est prouvé qu'il y était en 1698, en 1699, en 1700 ; qu'il y était enfin en 1705, c'est-à-dire trois ans encore après que le masque de fer eût été enterré. Ce sont des preuves matérielles auxquelles rien ne peut résister, et qui détruisent invinciblement toutes les vôtres. Je l'avoue, continua-t-il, sans la contradiction des dates qui rend la chose impossible, il aurait été difficile de combattre, je ne dirai pas vos preuves, mais vos raisons, et il y avait le plus grand air de vérité dans votre découverte. »

Les titres qu'on m'opposait étaient incontestables. Je ne songeai même pas à y chercher une réponse. Je me voyais trop justement condamné d'après mon propre aveu. J'étais absorbé dans mes réflexions, et ne pouvais concevoir comment et par quelle étrange illusion j'avais été conduit à une erreur aussi manifeste. La force avec laquelle je l'avais adoptée dans mon ame, me faisait presque trembler dans ce moment pour ma raison. J'étais étonné, confondu. Mais M. Simonin, prenant l'air que me donnaient ces divers sentiments pour l'air d'un homme qui doutait encore, et qui s'efforçait de résister à l'évidence, il est inutile de douter, reprit-il, il est inutile de disputer : ce que je vous dis est clair comme le jour, et pour prévenir tout vain raisonnement, je vais vous faire voir les dépêches qui furent écrites sur ce sujet par M. de Fériol, et par M. de Torcy, au nom du roi. Alors il fit appeler M. Poisson et lui demanda l'extrait qui avait été fait de cette correspondance pour M. de Vergennes. M. Poisson revint et lui présenta un cahier que M. Simonin se mit aussitôt en devoir de me lire. Je ne dissimulerai pas que dans la confusion de voir ainsi détruire une opinion que j'avais osé donner affirmativement pour démontrée à M. de Vergennes, non moins occupé de mes propres pensées, ou pour mieux dire de ma honte, que des faits dont M. Simonin me faisait la lecture, il dut m'échapper bien des détails qui ajouteraient à l'intérêt de ce récit : ce qu'il y avait de plus essentiel me frappa cependant assez pour être assuré que, dans ce que j'en rapporterai, il n'y aura rien que de vrai, du moins quant au fond des choses, si les expressions sont différentes.

La première lettre de M. de Fériol, de l'ambassadeur du roi, sur cet événement, est, je crois, du mois de juin 1706. On y voit que le patriarche, après avoir été dépouillé de sa dignité, après avoir été renversé du trône patriarchal, se trouvait enfermé, comme le dernier des malheureux, au bagne de Constantinople. C'est la prison où la barbarie ottomane entasse pêle-mêle les esclaves, les scélérats et les forçats. Mais Arwediks, loin d'être abattu par son infortune, conservait encore un air menaçant dans les horreurs de son cachot. Il faisait trembler ses ennemis, et il était à craindre qu'ils ne répandissent tôt ou tard des larmes amères sur leur triomphe. Les Arméniens catholiques sentirent combien il était important pour eux d'éloigner d'abord de Constantinople un ennemi aussi dangereux; c'est à quoi ils s'attachèrent : ils répandirent l'argent à la manière orientale, et Arwediks fut exilé [1].

Une autre lettre de M. de Fériol annonce à

[1] Cette révolution se fit avec l'argent des Arméniens, dont les jésuites dirigèrent l'emploi avec leur prudence ordinaire. Ces bons pères ne fournissaient que l'esprit dans les affaires, et ils y employaient l'argent des autres.

M. de Torcy l'enlèvement du patriarche. Cette lettre est de 1706 comme la première. Les mesures avaient été si bien concertées, que cet infortuné avait été subitement enlevé dans son passage par mer de Constantinople à Chio. On ne fit que le jeter du bâtiment qui le portait dans un autre qui prit aussitôt la route de Marseille. M. de Fériol se félicite du succès de cette entreprise. Il n'était pourtant pas sans quelque crainte sur l'avenir. M. de Torcy [1] dans sa réponse à cette lettre et à quelques autres cherche à le rassurer. Il lui dit que les ordres les plus précis ont été envoyés à M. de Montmort, commandant à Marseille, pour que le patriarche soit débarqué à son arrivée avec le plus grand secret et pour qu'il soit mis d'abord dans un lieu de sûreté. Il ajoute qu'il ne doit lui rester aucune inquiétude sur cela; que jamais on n'aura de preuves que le patriarche ait paru en France, ou qu'il y ait abordé, et qu'enfin on n'entendra plus parler de lui.

Ce que M. de Fériol avait prévu, ce qu'il avait craint ne manqua pas d'arriver. Les partisans d'Arwediks ne tardèrent pas à être informés que le patriarche n'avait point paru à Chio, lieu de son exil; et il perça probablement quelque chose sur son enlèvement dans le public. Les Armé-

[1] Lettre de M. de Torcy de 1706.

niens schismatiques ne manquèrent pas de profiter de cette circonstance pour intriguer auprès de la Porte. Leur argent fut alors prodigué à Constantinople comme celui des catholiques l'avait été auparavant, et il le fut avec le même succès, puisqu'il leur donna à leur tour la prépondérance auprès du gouvernement.

La Porte, comme on a vu dans la première partie que je l'avais conjecturé, prit la chose avec autant de hauteur que de violence. Le grand visir manda l'ambassadeur du roi pour réclamer le patriarche de la part du grand seigneur; il lui dit « Qu'on savait, à n'en pas dou-
« ter, qu'Arwediks avait été envoyé en France :
« que c'était à lui à le faire revenir : que sa per-
« sonne en répondait, et que sa hautesse était
« déterminée à déclarer la guerre au roi, plutôt
« que d'abandonner un de ses sujets aussi in-
« dignement enlevé, et de ne pas avoir une satis-
« faction éclatante d'un attentat commis avec
« tant d'audace dans son empire. »

<small>Lettre de M. de Fériol.</small>

Ce ton, quoique la Porte y eût déjà accoutumé les ministres de Louis XIV, les étonna. La France soutenait alors une guerre pénible et malheureuse contre toute l'Europe. Une suite d'échecs humiliants et désastreux l'avait plongée dans le plus triste état, et la perspective de l'avenir ne lui annonçait que de nouvelles infortunes. Le ministère ottoman qui, par orgueil autant que par principe, est toujours porté à abuser de la faiblesse d'autrui et de sa propre force, devenait d'autant plus à craindre pour elle, qu'il pouvait tout oser impunément dans des circonstances aussi malheureuses. Le roi se trouva en effet très-embarrassé. Il y a des circonstances, a dit le père Griffet qui ne prévoyait pas l'application qu'on ferait de cette maxime, « *il y a des circonstances qui lient, en quelque sorte, les hommes à des situations dont ils connaissent les périls et les inconvénients, sans leur laisser aucun moyen praticable de les éviter*[1]. » Telle était la situation où Louis XIV se trouvait réduit par la suite de cet atroce attentat des jésuites. Il ne se présentait que deux partis à prendre; celui d'avouer qu'Arwediks était en France, et celui de le nier. Mais l'un et l'autre avaient de grands inconvénients. On finit par s'arrêter au parti le moins juste, mais le plus sage, du moins par l'événement [2]. Il fut résolu qu'on persisterait à

<small>Lettre de M. de Torcy.</small>

---

[1] Histoire de Louis XIII, tome Ier in-4°, page 167.

[2] On nia toujours, et par l'événement, on fit très-bien de nier; car, comme le dit M. le marquis de Bonnac, *l'affaire s'éteignit par la longueur du temps.* Si au contraire on eût avoué qu'Arwediks était en France, c'était s'obliger à le rendre, et de là s'ensuivaient les plus funestes conséquences. Jamais la mémoire de cet attentat ne se serait perdue dans l'empire ottoman. Tous les grands forfaits, qui, par la suite des temps, s'y seraient commis, sans que les auteurs en

soutenir que la France n'avait eu aucune part à l'enlèvement d'Arwediks et qu'on ignorait absolument sa destinée. On répéta, à peu près, ce que nous avions jugé que le vice-consul de Chio avait répondu dans son interrogatoire; et on s'étendit sur le regret qu'avait le roi d'être dans l'impuissance de ne donner sur cela aucune satisfaction au grand seigneur.

fussent connus, les Français en auraient été accusés, et un seul crime attesté leur eût fait imputer tous les autres. On aurait supposé sans cesse des assassinats, des enlèvements, pour en charger les Français, et le gouvernement les aurait toujours condamnés d'après cet exemple. Sans cet exemple même, n'ont-ils pas essuyé dans tous les temps de la part des Turcs les plus criantes avanies sur les plus fausses suppositions? On a vu un père tuer son enfant et le jeter dans un puits, pour se faire payer son sang par les religieux de terre sainte, qu'il accusait de l'avoir massacré. Les officiers du grand seigneur ne manquent jamais de soutenir les Turcs dans leurs impostures contre les chrétiens. Toujours avides, toujours insatiables, ils fondent la meilleure partie de leurs revenus sur ces accusations; et la plupart portent le préjugé jusqu'à s'imaginer faire une action méritoire aux yeux de Dieu, en condamnant contre la justice et l'équité un infidèle. La connaissance qu'on a de leur façon de faire, dont nombre d'Européens sont en état de rendre de tristes témoignages, fut cause que l'aventure d'Arwediks ne fit aucune sensation dans les cours étrangères et qu'on en parla à peine à Constantinople; elle n'y occupa guère que les intéressés. On ne vit qu'une avanie personnelle aux Français dans l'accusation de cet enlèvement, et on en fut d'autant plus persuadé que les jésuites, les seuls Européens instruits de la vérité, et les plus menacés, mirent tous leurs soins à établir cette opinion, et cherchèrent par leurs lamentations à faire naître la pitié dans tous les cœurs sur une si grande injustice.

Cette réponse ne satisfit pas la Porte. Elle s'obstina plus que jamais à réclamer Arwediks et à prétendre que c'était à la France de le trouver et de le rendre. Les injures, les menaces, les procédés les plus insolents et les plus odieux, tels que les ministres du grand seigneur se les permettent contre les puissances dont ils croyent n'avoir rien à craindre, rendirent cette négociation extrêmement pénible pour M. de Fériol. Ce fut en vain qu'il adressa plus de vingt lettres ou mémoires au grand visir pour tâcher de l'adoucir, ou de le faire revenir sur ce sujet : c'est ce qu'il mande en propres termes à M. de Torcy. Il ne pouvait exprimer d'une manière plus forte la chaleur avec laquelle se suivait cette affaire, puisque les négociations les plus importantes produisent rarement chez cette nation autant d'écritures. La Porte voulait enfin une réponse précise et satisfaisante : elle l'exigeait, et menaçait de se porter aux dernières extrémités, si on la différait davantage.

Le roi fit alors une démarche singulière à laquelle on est bien loin de s'attendre, et dont il est pourtant facile de deviner le motif et le but. M. de Torcy écrivit par son ordre à M. de Fériol que sa majesté, dans la seule vue de complaire à sa hautesse, avait fait chercher le patriarche dans toute l'Europe, et qu'à force de soins on était parvenu à découvrir qu'il était enfermé dans la citadelle de Messine. Comme l'Espagne était alors maîtresse de la Sicile, et que les Espagnols étaient toujours censés avoir la guerre avec le grand seigneur, l'intention du roi était de faire entendre que c'étaient eux qui avaient enlevé le patriarche, et qu'il était leur prisonnier.

Ce détour peu honorable, auquel Louis XIV se crut forcé, fait voir qu'absolument dépendant des circonstances, ce prince n'était pas encore entièrement décidé à un parti, et que, selon le plus ou le moins de violence que la Porte continuerait à mettre dans ses réclamations, il se réservait le moyen de retenir le patriarche ou de le renvoyer à Constantinople, en se faisant un mérite d'avoir obtenu du roi d'Espagne sa liberté. Il était bien sûr d'avoir de son petit-fils tous les aveux et toutes les déclarations qu'il jugerait à propos de lui demander.

Mais ce triste expédient n'eut pas le succès que le roi s'en était promis. Le grand visir, espérant tout du demi-aveu qu'il venait d'arracher, ne s'en montra que plus ferme à réclamer Arwediks. Il déclara à M. de Fériol, avec toute la hauteur d'un premier ministre de l'empire ottoman, que le grand seigneur ne se départirait jamais de la résolution où il était d'avoir son sujet, et que c'était au roi à trouver les moyens de satisfaire sa hautesse à cet égard.

Dépêche de M. de Fériol.

Les instances du grand visir et celles de M. de Fériol lui-même, qui, dans la crainte du dénouement de cette aventure, n'était pas à se repentir d'avoir cherché aussi mal à propos *à s'en faire honneur*, devenant de plus en plus embarrassantes, le roi, quoi qu'il pût arriver, se décida à brusquer la négociation. Le marquis de Torcy écrivit, au nom de sa majesté, à M. de Fériol, que Dieu, en appelant à lui le patriarche, venait de mettre un obstacle invincible aux bonnes intentions du roi, que la nouvelle de sa mort était parvenue à sa majesté, au moment même où elle faisait usage de tous les moyens qui étaient en son pouvoir pour lui procurer la liberté; que, la puissance des hommes ne pouvant rien contre les décrets éternels, il ne leur restait que le mérite de s'y soumettre avec résignation, et d'adorer en tout la Providence.

On fit dans cette conjoncture ce que les anciens faisaient dans les malheurs extrêmes et sans ressource; ils s'enveloppaient la tête et s'abandonnaient à la fortune.

Les dépêches, qui me furent communiquées, ne m'instruisirent point de quelle manière la nouvelle de la mort du patriarche avait été reçue à Constantinople. Mais il y avait déjà plusieurs mois que le marquis de Torcy l'avait mandée à M. de Fériol au nom du roi, lorsque la cour de

Rome jugea à propos de se mettre sur la scène ; l'enlèvement d'Arwediks ne lui était pas inconnu. Rome regardait un ecclésiastique, surtout de la qualité du patriarche, comme lui appartenant, et, sans égard pour aucune des considérations qui auraient dû lui défendre une pareille démarche, elle osa le réclamer. Le cardinal ministre écrivit au nom du pape, pour demander que le patriarche fût livré au Saint-Siége, comme on lui livra autrefois le fameux *Zizim*, frère de Bajazet. On rejeta, sans aucun ménagement, une demande aussi indiscrète qu'opposée aux intentions du roi, puisque l'effet infaillible de la moindre condescendance aurait été de donner la plus grande publicité à cette aventure. La lettre qui fut adressée à la cour de Rome (je le répète, parce qu'il est très-essentiel de le remarquer) cette lettre du marquis de Torcy, écrite au nom de sa majesté, est de 1708 ou de 1709, et postérieure de plusieurs mois à la dépêche par laquelle le même marquis de Torcy avait annoncé la mort du patriarche à l'ambassadeur. Elle porte expressément « Que le
« patriarche est vivant encore, qu'il est dans un
« lieu de sûreté; que ce lieu demeurera à jamais
« inconnu ; que jamais on n'entendra parler de
« lui ; qu'on lui permet d'aller à la messe de temps
« en temps, avec des précautions qui empêchent
« qu'il ne soit vu de personne; qu'on ne le laisse

« manquer de rien, et qu'un homme, un seul
« homme, chargé de le soigner, attaché à sa seule
« personne, est réduit à s'entretenir avec lui *par*
« *signes*, lorsqu'il s'agit de pourvoir à ses be-
« soins, et de savoir ce qu'il peut désirer. »

Les réflexions se présentent ici d'elles-mêmes, et elles sont si naturelles, que ce serait faire injure au lecteur que d'entreprendre de les lui inspirer. C'est à lui de prononcer.

Ce tableau serait imparfait si, quoiqu'il m'en coûte, je ne faisais mention, d'après les dépêches de la cour, de divers Arméniens qui partagèrent le triste sort de leur patriarche, ou qui peut-être furent encore plus malheureux. Envoyés en France par les amis d'Arwediks, pour l'y chercher, ils disparurent ou périrent dans cette entreprise. Un autre Arménien, personnellement attaché au patriarche, rendu soupçonneux par le long silence de ceux qui avaient été envoyés les premiers, s'embarqua directement pour l'Italie, dans l'espérance de dérober sa marche à ses ennemis, et de se rendre ensuite en France avec plus de sûreté. Mais cette précaution lui fut encore inutile. De faux frères, qui assistaient à toutes les délibérations des Arméniens à Constantinople, en rendaient compte aux jésuites, et les jésuites en faisaient part aussitôt à l'ambassadeur du roi. Le marquis de Torcy ne tarda pas à être informé de toutes les particularités de cette nouvelle mission, et il prit les mesures nécessaires pour en empêcher le succès. Il écrivit à M. de Fériol qu'on ne perdrait pas de vue l'homme dont il avait envoyé le signalement, et que, dès le moment qu'il mettrait les pieds sur les terres de France, il serait arrêté et enfermé. Il y a apparence qu'il n'échappa pas à son malheur, et qu'il subit le sort de ceux qui l'avaient précédé.

Quand M. Simonin eut fini sa lecture, je lui demandai si l'on avait quelque connaissance de ce que le patriarche était devenu, de la prison dans laquelle il avait été enfermé, du lieu où il était mort. Il me répondit que, depuis les ordres qui avaient été envoyés à Marseille, pour le faire débarquer dans le plus grand secret, on l'avait entièrement perdu de vue; que dès-lors sa marche devenait absolument inconnue, qu'il n'en restait aucune trace, et qu'on ignorait tout à cet égard.

Instruit par M. de Bonnac de la marche du patriarche et de sa réclusion à l'île Ste-Marguerite, il m'était aisé de représenter à M. Simonin que le fil de cet événement, qu'on regardait comme perdu, parce qu'il avait échappé à tous les yeux, on le retrouvait tout entier, si, dès le moment que le patriarche aborde en France et disparaît, on ramène ses regards sur un inconnu, dont on n'a jamais pu découvrir ni l'état ni le nom, qu'on sait pourtant être sorti de l'île Ste-Marguerite, sans qu'on sache comment il y était entré, et avait été conduit ensuite à la Bastille..... Mais je jugeai que ce serait en vain que je raisonnerais avec lui. La prévention était trop forte pour me flatter de parvenir à lui faire adopter d'autres idées : je crus même apercevoir qu'il se plaisait à la conserver; c'est à dire, que par cet esprit d'envie qui agite et tourmente l'ame de tout ce qui habite Versailles, il n'était pas fâché que je ne pusse pas me vanter d'avoir fait cette découverte. Je pris donc le parti de le laisser se reposer tranquillement sur cette façon de penser : et comme la bureaucratie aujourd'hui donne le ton à tout, influe sur tout, j'imaginai que la prévention devait s'être étendue de bureau en bureau et de là à M. de Vergennes : une entrevue avec lui me devenait inutile. Je quittai donc Versailles sans le voir, sans me présenter, quoique ce ministre eût été le seul objet de mon voyage [1].

---

[1] Peu de temps après je revis M. de Vergennes. « Vous m'avez bien effrayé, lui dis-je, mais je tiens l'homme; je le tiens, j'ai tout découvert. » Il ne contesta rien; mais, en gardant le silence sur le fond de la chose, il me dit que je sentais la conséquence de garder le secret sur cette aventure ; que cet ouvrage m'avait coûté des soins et des peines, et que, si je désirais une récompense, il me serait accordé une gratification de 2000 écus. « Ma dissertation, lui répondis-je, m'a coûté des soins et des peines ; mais ces soins et

D'ailleurs, il faut être vrai, il faut être juste. L'erreur de M. Simonin, s'il était réellement dans l'erreur, est très-excusable. Les dates qu'il m'avait objectées, et dont il s'appuyait, ne m'avaient-elles pas d'abord confondu? n'en avais-je pas été attéré? n'avais-je pas cru, dans ma première surprise, n'avoir enfanté honteusement qu'une chimère? était-ce donc à lui de voir plus loin que moi, dans une chose où il n'avait aucun intérêt, et qui, par conséquent, lui était tout au moins indifférente? les bureaux devaient-ils voir ou chercher à voir plus loin que lui? les dates, ces dates fulminantes, évidemment destructives de mon opinion, ne lui interdisaient-elles pas tout raisonnement, toute réflexion, et ne paraissaient-elles pas me condamner de la manière la plus irrévocable? était-il possible qu'un homme, mort en 1703 à la Bastille, vécût en 1706 à Constantinople? et que cet homme se fût trouvé en même temps en deux lieux si différens, si éloignés, mort dans l'un et vivant dans l'autre? n'étais-je pas convenu que, non-seulement le masque de fer avait été conduit à la

---

ces peines ont été des plaisirs: je ne veux rien du roi à cette occasion. »

Observez que M. de Vergennes était tendrement attaché aux jésuites: mais cette offre même n'est-elle pas un préjugé en faveur de ma découverte, quoiqu'on ne l'ait pas clairement avoué?

Bastille en 1698, mais qu'il y était mort en 1703, le 19 novembre, et qu'il avait été enterré le lendemain, c'est-à-dire le 20 novembre, au cimetière de S.-Paul, paroisse de la Bastille? et n'étais-je pas forcé de convenir dans ce moment que le patriarche vivait encore en 1706 à Constantinople? J'avais eu beau ne voir qu'une seule personne dans ces deux hommes, la contradiction des dates rendait nécessairement l'identité impossible. Je m'étais donc très-certainement trompé, si, malgré ce dont j'étais convenu, il n'y avait pas un défaut de vérité dans ces dates de 1698 et de 1703. La date de 1706 étant certaine, ne pouvant en aucune manière être révoquée en doute, puisqu'elle est prouvée par une foule de dépêches du temps, qui sont incontestables, il s'ensuit que, si le masque de fer et le patriarche sont réellement la même personne, c'est dans les dates de 1698 et de 1703 qu'il faut chercher la falsification ou la supposition. Voyons donc s'il me sera possible de l'y découvrir. Quoi qu'il arrive, je suis du moins bien assuré que je ne porterai que de la bonne foi, de la franchise et de l'amour de la vérité dans cet examen.

Commençons par confesser franchement que, dans la première partie de mon mémoire, j'ai donné pour vraie une date que je suis obligé de reconnaître pour fausse; c'est celle de l'enlèvement du patriarche. Voici mes raisons et ma justification.

Le marquis de Bonnac, qui ne parle qu'une seule fois du patriarche, et qui ne dit absolument sur son sujet que ce que nous en avons rapporté, se contente de nous apprendre, comme on l'a vu, que son enlèvement eut lieu sous l'ambassade de M. de Fériol; il n'en fixe aucunement la date précise; il donne pour unique époque cette ambassade.

D'un autre côté, je croyais avoir un guide sûr dans le journal de Dujonca. Ce journal avait été donné au public pour une pièce authentique, incontestable; et comme M. Dujonca fixe la translation du masque de fer à la Bastille en l'année 1698, et que M. de Fériol était de cette même année seulement ambassadeur à Constantinople, j'en tirai d'autant plus hardiment la conséquence que le patriarche devait avoir été enlevé en 1698, que tous les rapports que je voyais entre le patriarche et le masque de fer m'avaient d'avance intimement persuadé que ces deux hommes n'étaient et ne pouvaient être que la même personne. Je ne pouvais placer l'enlèvement ni plutôt ni plus tard. Plutôt, il aurait devancé l'ambassade de M. de Fériol qui n'arriva à Constantinople qu'en 1698. Plus tard, il aurait été en contradiction avec le journal de Dujonca.

C'est ainsi que j'avais agi, que j'avais raisonné dans toute la sincérité de mon cœur. Je suis obligé présentement de renverser cette marche. J'avais d'abord pris les époques telles qu'elles nous étaient données par le journal de Dujonca pour règle infaillible, et comme devant me donner les époques du patriarche, qui m'étaient inconnues : mais, comme ces époques étaient fausses, ainsi que je prétends le prouver, elles donnèrent quelques résultats faux par de justes conséquences. Aujourd'hui, les époques du patriache, que je connais très-certainement, seront ma règle pour connaître celles du masque de fer qu'on m'avait artificieusement cachées; et en raisonnant conséquemment, ces époques me donneront des résultats vrais parce qu'elles sont elles-mêmes véritables. On verra que les unes et les autres s'identifient parfaitement, et que tout ne s'accorde que mieux avec le souvenir que l'on conserve de cette aventure.

Venons à notre objet.

Je m'étais contenté dans mon premier mémoire de citer quelques paroles des pièces d'où les dates de 1698 et 1703 avaient été tirées : ces pièces, données pour vraies, pour certaines, me paraissaient porter leur preuve avec elles. Tout change aujourd'hui. Je suis obligé de les transcrire en entier pour en discuter ensuite la vérité.

Journal de M. Dujonca, lieutenant du roi à la Bastille. « Du jeudi 18 septembre 1698, à trois « heures après-midi, M. de Saint-Mars, gouver- « neur de la Bastille, est arrivé, pour sa pre- « mière entrée, venant de son gouvernement « des îles Ste-Marguerite et S.-Honorat, ayant « amené avec lui dans sa litière *un ancien pri-* « *sonnier, qu'il avait à Pignerol*, dont le nom ne « se dit pas; lequel on fait tenir toujours masqué; « et qui fut mis d'abord dans la tour de la Basi- « nière, en attendant la nuit, et que je conduisis « ensuite moi-même, sur les neuf heures du soir, « dans la troisième chambre de la tour de la Ber- « taudière, laquelle chambre j'avais eu soin de « faire meubler de toutes choses avant son ar- « rivée en ayant reçu l'ordre de M. de Saint- « Mars : en le conduisant dans la dite chambre, « j'étais accompagné du sieur de Rosarges, que « M. de Saint-Mars avait amené avec lui, et qui « était chargé *de servir et de soigner le dit pri-* « *sonnier, lequel était nourri par le gouverneur.* »

Voilà son arrivée à la Bastille; voici, suivant le même journal, l'époque de sa mort.

« Du lundi 19 novembre 1703, le prisonnier « inconnu, toujours masqué d'un masque de ve- « lours noir, que M. de Saint-Mars a amené avec « lui, venant des îles Ste-Marguerite, qu'il gardait « depuis long-temps, lequel, s'étant trouvé hier

« un peu plus mal, en sortant de la messe, est
« mort ce jourd'hui, sur les dix heures du soir,
« sans avoir eu une grande maladie, il ne se peut
« pas moins. M. Giraud, notre aumônier, le con-
« fessa hier. Surpris de la mort, il n'a pu rece-
« voir ses sacrements, et notre aumônier l'a exhorté
« un moment avant que de mourir. Il fut enterré le
« mardi 20 novembre, à quatre heures après-midi,
« dans le cimetière de S.-Paul notre paroisse :
« son enterrement coûta quarante livres. »

A l'appui de ce journal vient l'extrait des registres de sépulture de l'église royale et parois-
siale de S.-Paul à Paris, le voici.

« L'an 1703, le 19 novembre, Marchialy, âgé
« de 45 ans ou environ, est décédé dans la Bas-
« tille, duquel le corps a été inhumé dans le
« cimetière de S.-Paul, sa paroisse, le 20 du pré-
« sent, en présence de M. Rosarges, major, et de
« M. Reilhe, chirurgien-major de la Bastille, qui
« ont signé. »

Ce dernier extrait est très-fidèle : j'en ai fait
moi-même la vérification à S.-Paul : mais il est
inutile d'en parler dans ce moment. Il faut nous
arrêter auparavant aux deux articles du journal
de Dujonca.

On doit ces deux articles au père Griffet, jésuite. Il les plaça dans sa dissertation sur le
masque de fer. M. de Saint-Foix cita après lui :

c'est après eux que j'en ai parlé avec la plus grande confiance, avec une entière sécurité : mais, toute la terre en eût-elle parlé de même, ces deux articles n'en acquerraient pas pour cela une plus grande autorité. C'est toujours le père Griffet et le père Griffet seul qu'il faut y considérer, puisque c'est lui qui les a cités pour la première fois, et qu'il n'a été que copié par tous les autres.

Ce jésuite n'a rien omis pour attirer la confiance à ces deux pièces. Il a grand soin de nous prévenir que, de tout ce qui a été dit ou écrit sur cet homme au masque, rien ne peut être comparé pour la certitude à l'autorité de ce journal. « C'est, ajoute-t-il, une pièce authen-
« tique : c'est un homme en place, un témoin ocu-
« laire, qui rapporte ce qu'il a vu, dans un jour-
« nal écrit tout entier de sa main, où il marquait
« chaque jour ce qui se passait sous ses yeux. »

Mais il me sera permis de profiter d'un conseil, que le père Griffet lui-même nous donne dans le même ouvrage, où se trouve sa dissertation : « Avant que d'employer l'autorité d'une
« pièce authentique, nous dit-il, il faut commen-
« cer par s'assurer qu'elle n'est ni fausse ni fal-
« sifiée [1]. »

---

[1] Traité des différentes sortes de preuves, qui servent à établir la vérité de l'histoire, page 214, édition in-12 de 1770.

Voilà sans doute par où j'aurais dû commencer, sans même en être averti par lui : mais je n'avais alors aucune raison de me défier d'une autorité dont il se rendait le garant : et comment aurais-je soupçonné des piéges aussi artistement tendus, et dans lesquels ont été pris, ainsi que moi, tous ceux, sans exception, qui se sont occupés de la même recherche ? Comment aurait-il été possible de marcher d'un pas toujours sûr dans un labyrinthe ténébreux, dont le seul sentier qui conduisait à la sortie avait été fermé, comblé, effacé avec le plus grand artifice ? Éclairé aujourd'hui, si cela se peut dire, par les ténèbres mêmes dont on avait couvert la vérité, je l'aperçois dans le lointain, et je vais tâcher de parcourir l'espace qui m'en sépare. Plût à Dieu que le père Griffet vécût encore pour être témoin de la destruction de son imposture, et pour voir s'évanouir d'elles-mêmes la foule des difficultés qu'il avait créées avec l'astuce la plus profonde, dans l'intention d'égarer le siècle présent et la postérité !

Je m'inscris en faux, comme on l'a déjà prévu, contre le journal de Dujonca. J'ose assurer d'avance que, si ce journal n'est pas entièrement supposé, il a été du moins altéré par les plus graves falsifications ; les raisons qui déterminent en cela mon opinion sont si fortes, qu'il est, ce me semble, impossible qu'aucun homme sensé refuse de s'y rendre. La persuasion qu'elles ont produite en moi, après y avoir long-temps réfléchi, après avoir tout combiné, m'assure de la même persuasion chez les autres. Mais je sais qu'il ne suffit pas de raisonner, et que, pour détruire des préventions aussi anciennes, aussi enracinées, il est encore nécessaire de prouver. Je prouverai donc; mais les preuves ne viendront qu'après avoir persuadé par la force et la multitude de mes raisons.

Le père Griffet avait été confesseur de la Bastille, et, en cette qualité, il avait fait partie de l'état-major. Officier, par conséquent, de la maison, soumis aux mêmes formalités, aux mêmes lois que les autres officiers, il avait fait serment de ne jamais rien révéler, de ne jamais parler de ce qui pouvait se passer à la Bastille. *Ils auront des yeux, et ils ne verront pas; ils auront des oreilles, et ils n'entendront pas.* C'est, peut-être, de toutes les maisons qui soient sur la terre, celle à laquelle peuvent s'appliquer avec le plus de justesse ces paroles de l'Écriture. Qui croira donc, qui pourra croire que le père Griffet, un des plus sages, comme un des plus habiles membres de la société, ait travaillé de bonne foi, après avoir été confesseur de la Bastille, à découvrir à l'univers un mystère de la Bastille, qui, par les précautions extraordinaires qu'on avait prises pour le cacher, paraissait devoir importer si fort au gouvernement?... Cela est impossible.

Était-ce la coutume des jésuites, était-il dans leur régime, dans leurs constitutions, dans leur politique, d'offenser ainsi les puissances et de les braver, surtout lorsque ces puissances pesaient sur eux par tous les points, et qu'ils avaient, par conséquent, les plus fortes raisons de les ménager?

Qui pourra croire que le père Griffet, obligé, par un serment solennel, de cacher, d'oublier même tout ce qui pouvait avoir le moindre rapport à la Bastille, que le père Griffet, qui n'avait été admis dans ce sanctuaire redoutable que sous ce serment, ait affecté d'en violer publiquement les dépôts sacrés, et de se déshonorer par un parjure aux yeux de tout l'univers?...... Cela est impossible.

Est-ce le temps où la société était persécutée, où ses ennemis n'étaient occupés qu'à lui chercher des crimes, où elle était accusée de la morale la plus relâchée et la plus corrompue : est-ce ce temps que le père Griffet aurait choisi de préférence pour donner maladroitement une preuve éclatante de la vérité de cette accusation, et pour faire voir au monde que, si les jésuites avaient aspiré à la confiance des princes, c'était pour abuser du pouvoir de la trahir ?..... Cela est encore impossible.

Le père Griffet ne se serait-il pas rendu également coupable, si, ne sachant pas la vérité, il eût cherché sérieusement, par son travail et par une violation manifeste des archives de la Bastille, à mettre les autres sur les voies de la découvrir?... Cela est encore impossible.

Mais ce mystère, voilé aux hommes avec des précautions aussi extraordinaires, n'en était pas un, et n'en pouvait être un pour le père Griffet. Le père Riquelet, jésuite, était confesseur de la Bastille, dans le temps que le masque de fer y était détenu. Il eut pour successeur un jésuite, et les confesseurs de la Bastille furent tous des jésuites jusqu'à l'entière suppression de la société en France. Le père Griffet lui-même remplit cette place, depuis 1745 jusqu'en l'année 1763. On est fondé à assurer qu'il ne peut y avoir rien de caché à la Bastille pour celui qui en est le confesseur, et les jésuites ne manquaient pas sans doute de s'en transmettre les uns aux autres tous les secrets. Personne n'ignore qu'une des choses le plus fortement recommandées par les constitutions, était la connaissance qu'ils devaient donner de toutes les affaires à la société. C'est en exécution de cet article de l'institut que le général entretenait des relations périodiques, qui

Crebra com
municatio e
rerum mutu
notitia.

le mettaient au fait de ce qui se passait, non-seulement dans son ordre, mais encore dans tout l'univers. Il fallait qu'il fût instruit de tout ce que les jésuites *projetaient, opéraient, craignaient et désiraient*, en corps et en particulier; de tout ce qu'ils faisaient *chez les grands*, de tout ce qu'ils *apprenaient*, de tout ce qu'ils *savaient*, de tout ce qu'ils *soupçonnaient;* en un mot de tout ce qui *regardait directement ou indirectement la société*, et même *de ce qui ne la regardait pas*. C'est ainsi que le général fut instruit de l'aventure du patriarche, et que la connaissance, comme on l'a vu, en parvint à la cour de Rome. On ne peut pas douter que l'histoire de cet événement ne se trouvât dans les archives de la société; et (pour ne pas confondre le patriarche avec le masque de fer, si on persistait encore à vouloir en faire deux personnages différens) l'aventure du masque de fer y fut certainement consignée avec toutes ses circonstances, de même que celle du premier. Ces archives devaient être ouvertes au père Griffet, un des principaux membres de l'ordre, comme profès, comme savant, comme historien; et ce ne sont pas sans doute les secrets de la Bastille, en particulier, que les jésuites auraient affecté de soustraire aux regards de celui de leurs confrères qui en était le confesseur. Donc, on peut assurer que l'histoire de l'homme au masque de fer lui était parfaitement connue.

<small>A nobis licet remotum.</small>

Par une suite de ce que nous venons d'établir, on est en droit d'avancer que, si le père Griffet n'a pas été vrai dans la totalité de sa dissertation, il ne l'a pas été davantage dans les articles qu'il a cités, comme tirés du journal de Dujonca. Sa mauvaise foi nous oblige de citer ici un mot du célèbre *Fra-Paolo*, qu'on n'accusera pas de n'avoir pas bien connu le régime des jésuites. « Une « règle générale et infaillible, nous dit-il, pour « toutes les difficultés qu'on rencontre dans ses « études, c'est de consulter les jésuites, et de ré- « soudre toutes choses directement au contraire « de ce qu'ils auront décidé. » La justesse de ce mot se vérifie pleinement dans cette occasion.

<small>Lettre de Fra Paolo du 2 juillet 1608 l'abbé de S Médard d Soissons.</small>

Si nous portons présentement nos regards, d'une manière plus particulière, sur le journal même; et que nous en examinions les phrases et la contexture, on y apercevra comme des pièces de rapport qui, de la façon dont elles sont contournées, forment des espèces de disparates : la plus légère attention suffit pour s'en convaincre, malgré la simplicité, malgré la naïveté avec lesquelles ce journal paraît écrit. Mais c'est en cela même qu'éclatent davantage l'adresse et l'intention du fabricateur de l'imposture. Enfin, dès qu'il est comme prouvé que l'intention du père Griffet n'était pas et ne pouvait être de dire la vérité, il est évident qu'il n'a dû dire que le contraire de la vérité. Il a altéré les faits, et il en a supposé. Il a avancé une foule de faussetés, ou comme des choses certaines, ou comme des conjectures ; il s'est surtout attaché à devancer les temps par des changements de dates. En feignant de vouloir nous éclairer sur une chose obscure, il nous a plongés dans de plus profondes obscurités, et nous a détournés artificieusement de la véritable voie : il n'a travaillé qu'à nous égarer. Jetons un coup d'œil sur le journal du jeudi, 18 septembre 1698. « A trois heures après midi, « M. de Saint-Mars, gouverneur de la Bastille, « est arrivé, *pour sa première entrée,* venant de « son gouvernement des îles Sainte-Marguerite, « ayant amené avec lui, dans sa litière, un *an-* « *cien prisonnier qu'il avait à Pignerol,* etc. » Tout l'article est écrit dans le même goût. On y sent, on y voit une affectation singulièrement marquée à appuyer sur certaines circonstances, dans la vue d'y fixer l'attention, et d'assurer la croyance à ce qu'on rapporte. Tout y fait soupçonner que ce journal, que M. Dujonca est censé ne faire que pour lui-même, n'a été fait que pour les autres. Ce mot *ancien,* si bien trouvé avec celui de *Pignerol,* ne nous avait pas trompés dans la première partie de notre mémoire, et nous en discernons encore mieux la fausseté présentement. Comment M. de Saint-Mars, malgré le voile sous lequel il cherche à cacher son prisonnier, malgré le masque dont il l'affuble, malgré le mystère qu'il paraît faire au lieutenant de roi lui-même du nom et de l'état de cet inconnu, malgré un plan bien formé de garder, sur ce qui le concerne, le plus grand secret, se serait-il si fort pressé d'indiquer à ce lieutenant la marche de son prisonnier et l'ancienneté de sa prison? Il aurait donc voulu, en le mettant ainsi sur la voie, lui faciliter les moyens de découvrir un secret qu'on avait tant de soin de cacher?...... Et dans quel temps M. de Saint-Mars lui aurait-il fait cette confidence?... Quand aurait-il commis une si étrange indiscrétion? c'est le propre jour de son arrivée, et de son arrivée pour sa première entrée : c'est dans le moment même qu'il remit son prisonnier entre les mains de M. Dujonca. Et M. de Saint-Mars n'aurait ainsi débuté que pour s'en tenir là strictement? C'est sa première et sa dernière indiscrétion. Il n'en parle plus à M. Dujonca. Ils meurent l'un et l'autre sans que M. Dujonca paraisse en savoir davantage. On jugera du moins que cette unique confidence était plus qu'inutile. Ce n'est point là tout-à-fait la manière d'un gouverneur de la Bastille. Mais il fallait encore ajouter au journal, si cependant il est vrai qu'il y ait jamais eu un journal de Dujonca, il fallait y ajouter de quoi embrouiller un fait que la société était intéressée à empêcher qu'on ne pût jamais éclaircir; il fallait l'antidater; il fallait y mettre une date précise, et surtout une date antérieure à l'événement qu'on voulait cacher; il fallait parler à tort et à travers de Pignerol, pour renvoyer les curieux à une chose qui n'était pas, à un être de raison.

Le masque de fer a-t-il été enfermé à Pignerol?

Le duc de Nivernois est le premier qui ait fait mention de l'homme au masque de fer, dans les *Mémoires secrets pour servir à l'histoire de Perse*, c'est-à-dire à l'histoire de France. Si, cependant, comme le disent les Mémoires de Bachaumont, il est réellement l'auteur de cet ouvrage, il n'est pas étonnant que ce seigneur, admis par son rang dans la familiarité de ce que la cour avait de plus grand, fût parvenu à pénétrer quelque particularité de cet étrange événement, dans des temps qui n'en étaient pas fort éloignés. Mais il paraît que des gens ou mal instruits, ou intéressés à le tromper, mêlèrent le mensonge à quelques vérités qui leur échappèrent, puisqu'on fixa son opinion, touchant cet inconnu, sur la personne du comte de Vermandois, mort en 1683. Le duc de Nivernois fait d'abord conduire le masque de fer à l'île Sainte-Marguerite; de-là il le fait transférer à la Bastille. Il n'a garde de parler de Pignerol. Il ne pouvait en parler, puisque jamais il n'en avait été question. Ce ne fut que long-temps après, lorsque de nouvelles circonstances parurent l'exiger, que le père Griffet s'avisa de supposer que le masque de fer avait été enfermé à Pignerol, et que, pour mieux accréditer cette supposition, il l'ajusta comme il put dans le journal de Dujonca.

M. de Voltaire, qui parle du même fait dans ses anecdotes du siècle de Louis XIV, et qui entre dans de grands détails, fondé sur des rapports que lui avaient faits des gens ou contemporains, ou à peu près contemporains, fut trompé en beaucoup de choses, comme le duc de Nivernois l'avait été; mais il ne parle, ainsi que lui, que de l'île Sainte-Marguerite et de la Bastille, en mentionnant les prisons où le masque de fer avait été détenu. Il ne prononce pas seulement le nom de Pignerol, parce que ce nom n'avait pas encore été prononcé à cette occasion.

M. de Palteau, petit-neveu de M. de Saint-Mars, qui a écrit sur le même événement, ne parle pas plus de Pignerol que le duc de Nivernois et M. de Voltaire. Il s'était néanmoins entretenu souvent du masque de fer avec le sieur de Blainvilliers qui, à ce que rapporte M. de Palteau lui-même, joignait à l'avantage *d'avoir eu un grand accès* chez M. de Saint-Mars, celui

_{Lettre à Fréro 1768.}

d'avoir vu le masque de fer, dont il était contemporain. Il y a plus, le père de M. de Palteau avait été constamment employé à la suite de M. de Saint-Mars, dont il était le propre neveu. Il avait servi sous lui à l'île Sainte-Marguerite et à la Bastille. Il ne quitta la Bastille qu'après la mort de M. de Saint-Mars, qui lui laissa sa terre de Palteau. Il s'y maria vers l'année 1712, et quoique son fils, dont il est question ici, ait vécu avec lui nombre d'années, jamais il ne fut question entr'eux de la prison de Pignerol, puisqu'en écrivant sur ce sujet, il ne parle lui-même que de Sainte-Marguerite et de la Bastille.

Si le prisonnier eût été d'abord enfermé à Pignerol, il est à présumer que le sieur de Blainvilliers ne l'aurait pas ignoré, et qu'il en aurait parlé à M. de Palteau, comme il lui parla de l'île Sainte-Marguerite et de la Bastille. Enfin, *sur vingt auteurs qui,* suivant Voltaire, *s'égarèrent en conjectures sur ce fait avéré, dont il n'est aucun exemple dans l'histoire du monde,* aucun n'a fait mention de Pignerol. *Reilhe,* chirurgien major de la Bastille, qui avait signé sur les registres de sépulture de Saint-Paul, quand Marchialy y fut enterré, et *Ru,* un des porte-clefs, s'entretenant avec Renneville, en 1705 ou 1706, du prisonnier inconnu, qui était alors sous leurs yeux, ne lui dirent rien de Pignerol, quoiqu'ils lui parlassent de Sainte-Marguerite ; et ils lui en parlèrent même, comme ayant été sa première prison. Ils ne pouvaient savoir ce qui n'était pas, puisque le père Griffet n'avait pas inventé cette nouvelle supposition. Ce n'est que vers l'année 1770 que ce jésuite la glissa adroitement dans le journal de Dujonca, si toutefois le journal en entier n'est pas lui-même une supposition.

On vient de voir avec quelle bonne foi le père Griffet fait parler le journal de Dujonca, à l'occasion de la translation de l'homme masqué à la Bastille : on va voir qu'il y soutient parfaitement le même caractère, en nous y annonçant sa mort.

« Du lundi, 19 novembre 1703. Le prisonnier
« inconnu, toujours masqué d'un masque de ve-
« lours noir, que M. de Saint-Mars avait amené
« avec lui, venant des îles Sainte-Marguerite,
« qu'il gardait depuis long-temps. »

Qui ne remarquera pas la manière singulière dont les mots, *qu'il gardait depuis long-temps*, se trouvent là heureusement enchâssés ? On ne nomme pas, il est vrai, Pignerol ; on n'en parle plus ; mais ces quatre mots valent bien le nom de Pignerol, et le père Griffet croit en tirer tout l'avantage qu'il s'en était promis. Ils remplissent son objet, qui est de nous bien inculquer dans l'esprit que M. de Saint-Mars avait eu *anciennement* le masque de fer à Pignerol, et *qu'il le gar-*

dait depuis long-temps. Mais il est aussi très-singulier que M. Dujonca, qui doit avoir souvent parlé pendant cinq ans, dans son journal, de cet étrange prisonnier, croie avoir besoin, pour se le rappeler, de se dire de nouveau à lui-même, *qu'il lui est encore inconnu;* qu'il est *toujours masqué d'un masque de velours noir,* que M. de Saint-Mars l'avait *amené avec lui des îles Sainte-Marguerite,* et *qu'il le gardait depuis long-temps.* Cette manière de nous présenter ces faits, dans un journal qui n'est que pour soi-même, serait inconcevable, si elle ne servait à nous dévoiler l'intérêt et la grande envie qu'a le père Griffet de nous les persuader.

« Le prisonnier, continue le journal, se trouva
« hier un peu plus mal en sortant de la messe,
« et il est mort ce jourd'hui, sans avoir eu une
« grande maladie; il ne se peut pas moins. M. Gi-
« raut, notre aumônier, le confessa hier. Surpris
« de la mort, il n'a pu recevoir ses sacremens,
« et notre aumônier l'a exhorté un moment avant
« que de mourir. »

L'affectation de citer ici deux fois dans deux lignes l'aumônier M. Giraut, doit beaucoup étonner, surtout quand on sait qu'à l'exception de la messe, que les aumôniers étaient chargés de dire, ils étaient absolument étrangers au régime de la Bastille; mais on est bien plus étonné que ce soit cet aumônier qui confesse un prisonnier de cette importance, avant que de mourir. Où était donc le père *Riquelet*, jésuite, le confesseur en titre et en exercice de la Bastille? Serait-ce que l'usage des jésuites, en ce temps-là, aurait été de céder à d'autres leurs fonctions, dans les plus brillantes occasions? ou le gouverneur de la Bastille aurait-il pris sur lui de les attribuer à cet aumônier, au préjudice d'un jésuite à qui elles appartenaient? Aurait-il osé faire cette injure à un membre de la société, de cette société alors toute-puissante en France, et qui, offensée dans un de ses membres, n'aurait pas manqué de faire usage de la faveur sans bornes dont elle jouissait auprès du roi, pour se venger? N'aurait-ce pas été attenter aux droits que cet emploi donnait au père Riquelet, sur les secrets de la Bastille, et par lui, à la société? M. de Saint-Mars aurait-il osé, dans un temps où tout tremblait au moindre signe de cette société, où toute la France était à ses pieds, lui faire ce passe-droit, et s'exposer aux suites d'une pareille injustice? En supposant, comme on doit le supposer, que l'homme masqué, quel qu'il fût, n'était pas inconnu au père Riquelet, au confesseur de la Bastille, était-il sage, était-il prudent de multiplier les dépositaires de ce secret, pour multiplier les dangers qu'il ne fût découvert? Le gouverneur, qui n'eut pas le temps de prendre les ordres de la cour, aurait-il voulu se charger ainsi des événements? Mais c'est encore là bien évidemment une suite des falsifications du journal de Dujonca, et tout s'explique naturellement par un plan combiné d'impostures. On y voit distinctement l'application raisonnée du père Griffet, à ne nommer aucun jésuite dans toute cette affaire, à éloigner toute idée des jésuites, et, afin d'empêcher qu'on ne songe à eux, à donner les fonctions de confesseur à un aumônier, quoiqu'il soit hors de toute vraisemblance que le père Riquelet ait cédé ce rôle à un autre, dans le moment le plus intéressant, c'est-à-dire au dernier acte de la tragédie. Mais, quoi que dise le journal, il est plus que probable que chacun remplit ses fonctions dans cette circonstance, que le père Riquelet fit les siennes selon l'usage, et que le père Griffet, pour être fidèle à son système de ne faire paraître aucun jésuite sur la scène, devait éviter avec soin, comme il l'a fait, de parler de lui.

Le journal de Dujonca, du 19 novembre, finit par les paroles suivantes: « Il fut enterré le mardi, « 20 novembre, à quatre heures après midi, dans « le cimetière de Saint-Paul, notre paroisse. Son « enterrement coûta 40 livres. »

Dans l'ordre naturel et commun des choses, on raconte ordinairement le 20 ce qui s'est passé le 19; mais ici, par une singularité très-remarquable, on raconte le 19 ce qui arriva le 20, c'est-à-dire ce qui n'était pas encore. Ce n'est pas tout, on y voit que le journaliste, que le lieutenant de roi, qui savait ce qu'il ne pouvait savoir, ignorait ce qu'il n'aurait pas dû ignorer, c'est-à-dire ce qui était parfaitement connu de Rosarges, major, et même du chirurgien. Il ignorait que l'homme enterré s'appelait Marchialy, quoique Rosarges et le chirurgien le sussent, puisqu'ils avaient signé sur le registre de sépulture. Le lieutenant de roi l'ignorait, quoiqu'il fût d'autant plus à portée de le savoir, qu'il savait déjà le 19 que l'enterrement fait le 20 avait coûté 40 livres. Tout cela paraît former une brouillerie inexplicable; mais c'est ainsi qu'on a le malheur de se déceler. On a beau méditer et combiner une fourberie, il nous échappe presque toujours quelque trait qui aide à la faire découvrir. Ce sont les roseaux de la fable qui crient : *Midas a des oreilles d'âne*.

RÉFLEXIONS SUR LES REGISTRES MORTUAIRES DE SAINT-PAUL.

Je préviendrai ici une objection qu'on ne manquera pas de me faire. Les registres de Saint-Paul, dira-t-on, ont donc été falsifiés aussi, puisqu'ils sont d'accord avec le journal de Dujonca?... Non, ces registres sont vrais, sont fidèles; ils n'ont essuyé ni altération, ni falsification; tout a été exactement vérifié à Saint-Paul..... Mais que disent en effet ces registres?.... Ils attestent que Marchialy, âgé de quarante-cinq ans ou environ, décédé le 19 novembre à la Bastille, a été *enterré le 20 dans le cimetière de Saint-Paul, en présence de Rosarges, major, et de Reilhe, chirurgien major de la Bastille* qui ont signé. Les registres n'en disent pas davantage; ils attestent simplement ce qui a été fait, et il ne fut fait pour Marchialy, mort à la Bastille, que ce qu'on faisait pour tous les autres prisonniers qui mouraient dans ce château. Deux hommes de la Bastille, deux témoins, accompagnaient le corps, le faisaient enterrer, et attestaient l'enterrement par leur signature.

Mais rien, dans tout cela, ne nous fait voir que Marchialy soit le masque de fer, malgré la concordance des dates avec le journal de Dujonca. Il n'avait pas été plus question du nom de Marchialy pour le masque de fer, que de Pignerol pour sa prison. Il serait bien étonnant, si Marchialy eût été réellement l'homme masqué, que ce nom, qui n'aurait rien appris au monde, eût échappé au duc de Nivernois, à Voltaire, à M. de Palteau, neveu de Saint-Mars, au sieur de

Blainvilliers, son parent, à M. Dujonca, lieutenant de roi, à Reilhe, chirurgien major de la Bastille, à Ru, qui en était un des porte-clefs, à une foule d'auteurs, qui, à force de recherches, étaient venus à bout de découvrir bien d'autres singularités, à tous les contemporains, dont plusieurs avaient écrit sur le masque de fer, et qu'enfin on ne l'eût appris que par le père Griffet, qui nous fait savoir avec bonté que le nom de Marchialy avait été inscrit secrètement, à la vue d'une foule de témoins, dans des registres publics de sépulture. Mais le nommé Marchialy mourut certainement en 1703; et, malgré le journal de Dujonca, je suis en état de faire voir que le masque de fer, le vrai masque de fer, le prisonnier inconnu, qui passait pour avoir été conduit par M. de Saint-Mars à la Bastille, vivait encore plusieurs années après 1703. Je le prouverai même dans un moment, de manière que la preuve ne laissera rien à désirer.

Mais tout est artifice et n'est qu'artifice dans les détails et dans l'ensemble de cet échafaudage d'impostures. Et qui pourrait en être étonné, après avoir vu que ces moyens bas et honteux avaient été employés sans aucune pudeur par le plus honnête des ministres, par M. de Torcy, dans le temps même qu'il parlait au nom du roi? Jamais le patriarche ne fut enfermé à Messine, quoi qu'ait écrit le marquis de Torcy, ni le prisonnier inconnu à Pignerol, quoi qu'ait fait dire le père Griffet au journal de Dujonca. Le masque de fer ne fut jamais à Pignerol, ni peu de temps, ni beaucoup de temps, ni nouvellement, ni anciennement. Jamais encore on ne l'appela Marchialy; et si, longues années après sa mort, on a cru qu'il avait effectivement porté ce nom, ce n'a été que depuis 1768, quand le père Griffet lui eut appliqué faussement celui d'un nommé Marchialy, mort réellement à la Bastille, et enterré en 1703 à Saint-Paul. Jamais enfin ce prisonnier, quoi qu'on ait écrit, quoi que j'aie d'abord cru moi-même, fondé sur le journal imposteur de Dujonca, jamais le masque de fer ne fut conduit à la Bastille par M. de Saint-Mars.

Avant d'aller plus loin, je dois faire voir quelle fut l'origine de cette opinion, que le prisonnier masqué avait été conduit à la Bastille par M. de Saint-Mars, en 1698, et comment elle avait tellement saisi tous les esprits, que jamais il ne vint dans la pensée de personne qu'on dût avoir le moindre doute, le moindre soupçon sur ce sujet.

AU MASQUE DE FER.

DE QUELLE MANIÈRE LE MASQUE DE FER FUT CONDUIT ET ENFERMÉ A LA BASTILLE.

Le patriarche fut enlevé en plaine mer, vers l'année 1706. Le bâtiment dans lequel il fut jeté étant arrivé près de Marseille, au lieu destiné pour la quarantaine des vaisseaux qui viennent du Levant, on le débarqua secrètement, et, pour le mettre à couvert des regards des curieux, on l'envoya au château de l'île Sainte-Marguerite. Pendant qu'il y faisait sa quarantaine, conformément à une loi dont le salut de l'état ne permet de dispenser personne, M. de Saint-Mars, alors gouverneur de la Bastille, fut prévenu par le ministre qu'il lui arriverait bientôt un prisonnier, dont la détention exigeait le plus grand secret, et pour lequel l'intention du roi était qu'on eût les plus grands égards. En conséquence, *M. Dujonca, lieutenant de roi, eut ordre de M. de Saint-Mars de faire meubler de toutes choses la troisième chambre de la tour de la Bertaudière*[1]. La quarantaine finie, on fit prendre

---

[1] Comment M. de Saint-Mars, avant que d'être arrivé à la Bastille, en aurait-il assez connu les êtres, pour savoir que c'était la troisième chambre qui convenait? D'ailleurs, était-ce à lui à y donner des ordres, avant d'y avoir été reçu, avant d'y être reconnu, avant d'avoir prêté son serment? Le ministre ne les aurait-il pas adressés à celui qui y commandait avant son arrivée? Est-ce de

au patriarche la route de la Bastille. La prudence, qui, non moins que l'audace, formait le caractère distinctif de la société, peut même faire présumer qu'il fut accompagné, pendant le voyage, par des jésuites. Quoiqu'il soit sans exemple qu'un gouverneur de la Bastille ait été le conducteur d'aucun prisonnier, il y aurait quelque raison de croire que M. de Saint-Mars fut au devant de lui. L'affectation de faire dire au journal de Dujonca que M. de Saint-Mars y arrivait *pour sa première entrée*, autorise du moins à le soupçonner. On usa, dans l'intérieur de la Bastille, de toutes les précautions dont on put s'aviser, pour que son arrivée y fût absolument inconnue : *Il ne sortit de la litière que pour être déposé dans la tour de la Basinière, en attendant la nuit.* Vers les neuf heures du soir, c'est-à-dire lorsqu'un profond silence et la plus entière solitude régnaient à la Bastille, lorsque les ténèbres y couvraient les démarches de ceux qui y commandaient, *M. Dujonca y fut prendre le prisonnier, et lui-même le conduisit à la tour de la Bertaudière, accompagné du sieur Rosarges, qui seul était chargé de le servir et de le soigner.* C'est de cette manière, c'est avec ces précautions qu'on réussit à faire que le patriarche fût

l'île Sainte-Marguerite que ces ordres, dans aucun cas, devaient être envoyés?

pendant quelque temps à la Bastille, sans que personne, à l'exception de ceux qui durent en être nécessairement instruits, pût soupçonner qu'il s'y trouvait un prisonnier inconnu. Lorsque ce secret vint à y percer confusément, sans pourtant qu'il fût possible de savoir le temps précis auquel le prisonnier y avait été conduit, chacun, selon sa manière de voir et de juger, s'abandonna aux conjectures. Comme ces premiers bruits suivirent d'assez près son arrivée, et que les conjectures touchaient, pour ainsi dire, au temps où il avait été enlevé, on craignait d'autant plus qu'on ne vînt à penser au patriarche, que la Porte irritée le réclamait déjà fortement. Les jésuites alarmés redoublèrent alors de précautions, et, pour mieux tromper le public, ils songèrent à donner le change aux habitants mêmes de la Bastille. Ils imaginèrent pour cela le meilleur des expédients, et cet expédient se trouva être en même temps le plus simple. Il consistait à établir à la Bastille la croyance que ce prisonnier, qui paraissait y être tombé du ciel, tant on ignorait qui il était et depuis quel temps il s'y trouvait, y avait été conduit par M. de Saint-Mars lui-même, en 1698, c'est-à-dire à l'époque où il était venu prendre possession de son gouvernement. M. de Saint-Mars, M. Dujonca et M. de Rosarges étant probablement les seuls instraits du temps et des circonstances de son arrivée, il leur fut facile, après avoir tout concerté, de répandre l'opinion qu'ils avaient ordre d'établir. On ne doit pas craindre de se tromper, en soupçonnant qu'ils furent très-bien aidés en cela par les jésuites. Ce plan des officiers de la Bastille leur réussit parfaitement ; car, par une faiblesse commune à tous les hommes, on ne se défie pas des confidences qui flattent, et l'inférieur est surtout flatté de celles que lui font les dépositaires de l'autorité. C'est ainsi que les subalternes de la Bastille, après avoir été trompés par les principaux officiers de ce château et par les jésuites, trompèrent à leur tour, de bonne foi, le public, en voulant se faire honneur de savoir qu'un prisonnier inconnu, qu'on avait gardé avec les précautions les plus extraordinaires, avait été d'abord enfermé aux îles Sainte-Marguerite, d'où il avait été conduit par M. de Saint-Mars à la Bastille, en 1698. Il est à croire que les officiers que nous avons nommés étaient les seuls qui connussent parfaitement le personnage confié à leurs soins et à leur vigilance. Les jésuites n'étaient pas gens à révéler, sans une extrême nécessité, un secret aussi important ; et le patriarche, ne parlant qu'une langue qui n'a absolument aucun rapport avec les langues de l'Europe, était privé de tout moyen de le découvrir. Mais les jésuites ne lui étaient que trop connus, et il n'ignorait pas que c'étaient eux qui l'avaient fait enlever. Il était notoire dans le temps, à la Bastille, que le prisonnier inconnu que M. de Saint-Mars passait pour y avoir amené, en venant de l'île Sainte-Marguerite, avait été condamné à une prison perpétuelle, par le crédit des jésuites. Le malheureux patriarche, qui, dans ses plaintes et ses lamentations, devait souvent prononcer leur nom, avait fait connaître sans doute aux gens qui l'entendaient que les jésuites étaient les auteurs de son infortune. Il est encore fort probable qu'ils avaient donné lieu eux-mêmes à ce soupçon par l'inspection qu'ils avaient dû conserver sur lui dans sa prison.

Telle est la conduite que l'on tint dans les commencements de la détention du patriarche ou du masque de fer à la Bastille. Ceux qui avaient un si grand intérêt à dérober aux hommes la connaissance de cette aventure n'avaient pas besoin, pour l'objet qu'ils se proposaient, d'en dire ou d'en faire croire davantage. On ne parla de la mort du prisonnier à la Bastille ni en 1703, parce qu'il n'y était pas encore, quoi qu'ait dit le journal de Dujonca; ni même nombre d'années après 1703, parce que, quand une fois il y eut été enfermé, son existence y fut si notoire, que de fausses suppositions sur cela devenaient impossibles. Les inventions sur sa mort sont d'une date beaucoup plus moderne. Ceci exige d'autres éclaircissements qui, quoique séparés par un long intervalle de ceux qu'on vient de lire, y sont néanmoins si intimement liés, que les premiers sans les seconds laisseraient beaucoup de choses à désirer. Tant de longueurs, je le sens, doivent fatiguer le lecteur; mais je ne saurais lui en faire grâce. Une prévention aussi ancienne demande d'être attaquée par tous les points. Des détails nécessaires forment le fil qui, par des détours innombrables, doit nous conduire à la sortie du labyrinthe dans lequel le public s'était cru égaré et perdu sans ressources.

MOYENS EMPLOYÉS PAR LE PÈRE GRIFFET POUR DONNER LE CHANGE SUR CE PRISONNIER.

Dans la chaleur des disputes, dont l'homme masqué fut l'occasion, il s'était élevé le plus violent des orages contre les jésuites. Accusés et poursuivis, non-seulement au pied des tribunaux, mais par les tribunaux mêmes, ils avaient été déjà supprimés en France, et ils étaient menacés, à la suite de cet exemple, de leur destruction entière dans le reste du monde. Dans cet état de détresse, divers d'entr'eux entreprirent la défense de la société. Le père Griffet un de ses membres les plus illustres, employa pour elle sa plume et ses talens. Mais il ne se borna pas à des apologies, à des justifications sur les choses dont elle était accusée ; il porta sa prévoyance jusqu'à un fait qui, quoiqu'ancien, était de-nature à lui être reproché par tous les amis de l'humanité et de la justice. Craignant que parmi les auteurs qui, dans ce temps-là, cherchaient à découvrir ce que c'était que ce célèbre et malheureux inconnu, dont tout le monde parlait et auquel s'intéressait toute l'Europe, le hasard n'en favorisât assez quelqu'un pour lui dévoiler le mystère de cet événement, il feignit de travailler à la même découverte, tandis qu'il ne travailla en effet qu'à égarer les autres dans leurs recherches. Il avait trop lu, il était trop instruit, pour ne pas savoir qu'on trouvait dans une histoire imprimée, qu'il existait vers l'année 1706, à la Bastille, un prisonnier inconnu, dont le signalement, donné par un témoin oculaire, indiquait l'homme masqué de la manière la plus évidente, et dont on assurait, outre cela, que la captivité était l'ouvrage des jésuites. La force d'un pareil témoignage ne servit qu'à rendre le père Griffet plus attentif à ne pas citer cette histoire, à n'en faire aucune mention, à ne pas combattre l'accusation qu'elle contenait, et surtout à ne pas parler des jésuites. C'était une de ces occasions où les avantages que peut donner l'adresse la plus rafinée ne valent pas ceux qu'on trouve dans un sage silence [1]. Il sentit que de la discussion d'un fait vrai, pouvait jaillir quelqu'étincelle qui fît soulever le voile dont on avait cherché à couvrir la vérité. Mais, instruit par les archives de la Bastille, et par celles de la société, des moyens qu'on avait employés autrefois pour éloigner toute preuve, tout soupçon que *l'inconnu*, que *l'homme masqué* fût le patriarche, il jugea qu'il parviendrait au même but en employant ces mêmes moyens, et en les étayant par de nouvelles suppositions. On a vu que dèslors on avait imaginé d'établir à la Bastille l'opinion que ce prisonnier, *gardé*, *servi*, *soigné* par

---

[1] Le duc d'Aiguillon a eu la même sagesse dans une pareille occasion. Il n'est personne qui n'ait entendu parler du moulin de M. de Lachalotais, de ce moulin si connu, dans lequel on ne se couvrit que de farine, lors même qu'on prétendait s'y couvrir de gloire. Ce moulin, si utile au duc d'Aiguillon, était parfaitement placé pour considérer sans danger toutes les positions du champ de bataille à l'affaire de Saint-Cast. Ce général, ayant fait faire, sous ses yeux, un plan magnifique de ce combat, oublia ce célèbre moulin au mépris des lois de la reconnaissance. Les raisons qui l'empêchèrent de mettre le moulin dans son plan sont analogues à celles qui ont empêché le père Griffet de parler des jésuites dans sa dissertation. Mais, quoi qu'ait fait le duc d'Aiguillon, tant que son plan subsistera, on y verra ce moulin bienfaisant comme les Romains virent autrefois, dans une procession, les images absentes de *Brutus* et de *Cassius*, parmi les images des grands hommes de la république.

un seul homme, y avait été conduit par M. de Saint-Mars en 1698; d'où il résultait nécessairement que ce ne pouvait être le patriarche qui était encore vers 1706 à Constantinople. C'est avec cette circonstance essentielle et sans cesse répétée de la conduite du prisonnier par M. de Saint-Mars en 1698, que les bruits relatifs à sa détention avaient été insinués, répandus, établis. Un changement de date avait suffi dans le temps pour tromper les habitans mêmes de la Bastille, et ce même changement semblait devoir encore suffire pour maintenir l'erreur dans le public. Mais le père Griffet, semblable à un criminel qui voit toujours les yeux de la justice fixés sur lui, et qui ne trouve jamais assez sûres les précautions qu'il prend pour leur échapper, jugea nécessaire d'ajouter encore à cette tromperie. Il usa pour cela d'une ruse, d'une tricherie assez familière aux jésuites, et dont on pourrait citer une foule d'exemples [1]. Il falsifia le journal de Dujonca, si même il ne le fabriqua pas entièrement, et il l'antidata pour en faire cadrer les dates avec les bruits que les jésuites étaient parvenus à accré-

---

[1] On voit dans le compte rendu par M. de la Chalotais, que les jésuites avaient si habilement brouillé, par des dates et par des suppositions, trois ordonnances de leur général *Aquaviva*, qu'on ne put jamais éclaircir contre laquelle de ces ordonnances il avait été sévi par un arrêt du parlement.

diter par leurs artifices. Il fait dire à ce prétendu journal, en 1698, que M. de Saint-Mars vient d'amener avec lui, de l'île Ste-Marguerite, un prisonnier *masqué et inconnu;* et, afin d'éloigner encore plus de la véritable date, il ajoute; *un ancien prisonnier* qu'il avait à Pignerol. Mais cela ne lui suffit pas encore. Il faut, qu'après avoir ainsi fixé l'époque de l'arrivée du prisonnier, il fixe et assure avec la même fidélité, avec la même exactitude, l'époque de sa mort. Son plan fait, il parcourt la liste des prisonniers morts à la Bastille et enterrés à St-Paul. Il y trouve un certain Marchialy mort en 1703. Le nom et la date lui conviennent. Le nom, parce que ce nom de Marchialy était inconnu; et la date, parce qu'il était impossible qu'un homme, mort en 1703, fût un homme qui vivait vers 1706 à Constantinople. Il se hâte aussitôt de se saisir et du nom et de la date, et il les applique au *masque de fer*, *au prisonnier inconnu*. Rien n'était plus facile après cela que de fabriquer un journal qui fût conforme à cet arrangement. Ce journal faisant mourir, le 19 novembre 1703, l'homme masqué, et le faisant enterrer le 20 novembre à St-Paul, il faut nécessairement que cet homme masqué soit Marchialy, puisqu'il est constaté par les registres de la paroisse, que Marchialy est mort à la Bastille le 19 novembre 1703, et qu'il a été enterré le 20 à St-Paul. De cette manière, on voit que des insinuations artificieuses, de fausses confidences, et les bruits vagues qui en avaient résulté avaient d'abord disposé la croyance publique; que le journal de Dujonca, donné comme une pièce authentique, vient prouver la vérité de ces bruits, et qu'ensuite les registres de St-Paul, dont la fidélité ne peut être contestée, étant conformes à ces bruits et au journal, il est impossible qu'il reste à personne le moindre doute sur ce sujet.

Qu'on cherche tant que l'on voudra, on ne trouvera point de fait, quelque constaté, quelqu'authentique qu'il puisse être, qui réunisse plus de caractères apparens de vérité que cette fourberie.

On m'arrêtera ici pour me demander ce que devient donc le témoignage de M. de Palteau? de M. de Palteau, le parent, le neveu, l'héritier de M. de Saint-Mars? le possesseur après lui de la terre de Palteau? de cette même terre, de ce même château où M. de Saint-Mars passa en 1698, et où il garda, pendant quelques jours, le masque de fer avec lui? Peut-on soupçonner sa véracité? invente-t-on des circonstances, des détails tels que ceux qui sont contenus dans la lettre qu'il écrivit à M. Fréron, le 19 juin 1768? ne prit-il pas sur les lieux, dans Palteau même, les renseignemens dont sa lettre est remplie? ne lui furent-ils pas attestés, confirmés par ses paysans, par ses vassaux qui avaient été les paysans, les vassaux de M. de Saint-Mars, et qui, ayant tout vu de leurs propres yeux, avaient toutes les qualités nécessaires pour rendre légalement un témoignage irrécusable? suffira-t-il de nier les faits les mieux constatés, les plus authentiques, pour être en droit de croire qu'on les a réfutés? enfin les détails en général fussent-ils faux, n'est-il pas au moins prouvé par cette lettre, n'est-il pas démontré que M. de Saint-Mars séjourna, en 1698, à Palteau avec le masque de fer? Il n'est point de moyens, dira-t-on, pour attaquer une pareille preuve; il n'est point d'objection qui ne disparaisse, qui ne s'anéantisse devant elle.

La lettre de M. de Palteau, il faut l'avouer, doit paraître, au premier coup d'œil, très-embarrassante. Comment concevoir en effet qu'un homme dans la position de M. de Palteau, qu'un homme de bon sens, qu'un honnête homme ait pu donner avec tant d'assurance de pures rêveries pour des vérités constantes? M. de Palteau pouvait-il ignorer si le masque de fer avait passé, ou n'avait pas passé à Palteau en 1698? Un prisonnier aussi singulier, gardé avec des précautions aussi extraordinaires, devait avoir fait trop de sensation à Palteau et dans les environs, pour que le souvenir pût en être ainsi effacé [1].

---

[1] Je puis attester, comme l'ayant vu moi-même, que tout le

Je pourrais répliquer qu'il suffit d'être homme pour savoir jusqu'à quel point d'autres hommes peuvent être imposteurs ou dupes, et qu'il est en eux des choses qui étonneraient étrangement, si une certaine connaissance de l'esprit humain laissait encore quelque place au sentiment de la surprise. Mais ce ne serait pas répondre.

Je vais donc expliquer ces obscurités, ces contradictions.

La première fois que je jetai les yeux sur la lettre de M. de Palteau, avant même d'avoir la moindre raison de m'en méfier, je fus vivement frappé des absurdités et des inconséquences qu'elle contenait. Mais, par égard pour un honnête homme qui paraissait n'avoir écouté que sa bonne foi, je laissai totalement de côté ces absurdités, ces inconséquences, pour ne m'attacher qu'à l'article essentiel du séjour du prisonnier à Palteau; persuadé d'avance, par le journal de Dujonca, que M. de Saint-Mars avait conduit lui-même le prisonnier masqué en 1698, je n'eus aucune peine à croire, d'après la lettre, que le prisonnier avait été mené réellement à Palteau, puisqu'elle attestait que M. de Saint-Mars y avait fait quelque séjour. La lettre me sembla prouver la vérité du

monde sans exception se riait à Palteau et à Villeneuve-le-Roi, de la bonhommie avec laquelle M. de Palteau avait agi dans cette occasion.

journal, et le journal la vérité de la lettre. Attaché donc à ce seul fait que je regardais comme doublement constaté, je me bornai à observer que, si jamais M. de Saint-Mars s'était permis de séjourner à Palteau avec un prisonnier d'état, dont il était important de cacher l'existence, et qu'il lui était ordonné, de la manière la plus expresse, de soustraire à tous les regards, il ne pouvait se l'être permis qu'avec un homme tel que le patriarche, avec un étranger qui, ne parlant qu'une langue inintelligible, ne pouvait guère abuser de sa liberté. Mais ce que, d'après ces raisons, je croyais alors qu'il fût absolument possible qu'on eût fait avec le patriarche, je me crois en droit d'assurer aujourd'hui qu'on ne se le permit pas même avec lui. Tout me fait voir au contraire que le masque de fer ne passa point à Palteau; tout me dit qu'on n'envoie point de tels prisonniers d'état faire un tour à la campagne avec leur conducteur; tout m'assure que M. de Saint-Mars n'était chargé ni de ce prisonnier, ni probablement d'aucun autre, lorsqu'il s'arrêta, et fit quelque séjour à sa terre de Palteau, en allant prendre possession de son gouvernement de la Bastille, en 1698.

La lettre de M. de Palteau avait fait sur M. de Saint-Foix, qui n'eut jamais la clef de cet événement, la même impression qu'elle fit depuis sur moi, dans un temps où je n'avais pas plus cette clef que lui. En dédaignant de relever les absurdités dont elle était remplie, il se contenta d'imprimer *qu'il y avait quelquefois des choses vraies qui n'étaient pas vraisemblables.* Mais j'ai lieu de penser qu'il ne fut pas aussi modéré, en écrivant à M. de Palteau lui-même, qu'il l'avait été dans un écrit destiné à être public. M. de Palteau, que je vis chez lui, en 1783, paraissait conserver encore un souvenir douloureux de sa lettre, et, sans qu'il me dît précisément ce qu'elle contenait, il me fut aisé de reconnaître que M. de Saint-Foix ne l'y avait pas beaucoup ménagé.

Il est essentiel de connaître la lettre de M. de Palteau; je la transcrirai donc ici, ou j'en donnerai la substance. Les prétendues notions qu'elle renferme sont tirées de deux sources différentes :

1° Des paysans qui allèrent au-devant de leur seigneur, c'est-à-dire au-devant de M. de Saint-Mars, lorsqu'il conduisit à Palteau le masque de fer;

2° Du sieur de Blainvilliers, officier d'infanterie, qui avait accès chez M. de Saint-Mars. Je distinguerai et séparerai les deux rapports. On n'en sera que plus en état de peser les circonstances particulières qui s'y font remarquer et d'en bien juger. Ce que M. de Palteau nous y apprend, ou ce qu'il croit nous y apprendre, est absolument tout ce qu'il savait de cette aventure. Il le déclare formellement dans sa lettre, et il le confirma de bouche à l'auteur de cette dissertation. Lorsque je fus le voir à Palteau, dans l'espérance d'en tirer quelqu'autre éclaircissement, je reconnus sans peine qu'il ne savait véritablement rien. Semblable à un témoin qui, ayant des reproches à se faire sur une première déposition, se montre très-inquiet au moment d'en faire une seconde, par la crainte de s'écarter de la ligne sur laquelle il avait marché la première fois, il ne répondait qu'en chancelant, qu'en bégayant à mes demandes. Les railleries de M. de Saint-Foix lui avaient fait sentir combien il est délicat de se compromettre avec le public.

RAPPORT DES PAYSANS A M. DE PALTEAU.

« M. de Saint-Mars séjourna avec le masque de
« fer à Palteau en 1698. Le prisonnier arriva dans
« une litière. Les paysans allèrent au-devant de
« leur seigneur. M. de Saint-Mars mangea avec
« son prisonnier qui avait le dos opposé aux
« croisées de la salle à manger, qui donnent sur
« la cour. Les paysans que j'ai interrogés n'ont
« pu voir s'il mangeait avec son masque; mais ils
« observèrent très-bien que M. de Saint-Mars,
« qui était à table vis-à-vis de lui, avait deux pis-
« tolets à côté de son assiette. Ils n'avaient pour

« les servir qu'un seul valet-de-chambre, qui
« allait chercher les plats qu'on lui apportait dans
« l'anti-chambre. Lorsque le prisonnier traversait
« la cour, il avait toujours son masque noir sur
« le visage. Les paysans remarquèrent qu'on lui
« voyait les dents et les lèvres, qu'il était grand,
« et avait les cheveux blancs. M. de Saint-Mars
« coucha dans un lit qu'on lui avait dressé auprès
« de celui de l'homme au masque. »

Tel est le rapport des paysans à M. de Palteau. Il est évident qu'un pareil témoignage n'a pu que confirmer dans leur opinion ceux qui étaient déjà persuadés que le masque de fer avait été conduit par M. de Saint-Mars en 1698. Ils n'ont rien examiné; ils ont cru aveuglément, sans songer qu'il faut toujours se défier de ce qui répugne si manifestement au bon sens et à la raison. La circonstance absurde des paysans qui courent au-devant du *masque* de fer, ou, ce qui est la même chose, au-devant de leur seigneur qui menait le masque de fer, aurait dû suffire seule pour ôter toute créance à la lettre de M. de Palteau, quand même chacune de toutes les autres circonstances qu'elle renferme n'aurait pas en soi ses absurdités particulières. Un fait certain contre lequel personne n'a élevé le moindre doute, et qui est également prouvé par les faussetés et par les vérités qui sont parvenues confusément jusqu'à nous, c'est qu'on employa les plus grands soins, les précautions les plus extraordinaires pour cacher au public l'existence de cet inconnu, et que tous ceux à qui la garde en fut confiée eurent les ordres les plus précis de faire en sorte qu'il ne fût vu de personne. Comment peut-on croire, après cela, que la cour ait permis à M. de Saint-Mars d'aller faire quelque séjour à Palteau, en y menant le prisonnier avec lui? Ou, s'il était possible, contre toutes les lumières de la raison, qu'il eût demandé et obtenu cette permission, comment croire qu'il n'eût pas pris les mesures les plus sûres pour y arriver de nuit ou dans le plus grand secret, au lieu de s'y faire recevoir en pompe et avec éclat par tous les habitants, et qu'il n'eût pas fait de son château une prison plus impénétrable encore que la Bastille? Et qu'on n'aille pas dire que les mesures qu'avait prises M. de Saint-Mars furent probablement dérangées par quelqu'événement imprévu. Cette raison, la seule qu'on pourrait hasarder, tombe d'elle-même, lorsqu'on voit ce même M. de Saint-Mars, le sévère, le défiant, l'ombrageux de Saint-Mars, par une continuité soutenue d'indiscrétion et d'imprudence, permettre à cette foule de paysans de se tenir extérieurement contre les croisées de la salle où il mangeait tête à tête avec son prisonnier, pour qu'ils pussent le considérer de toute leur attention dans ses mouvemens, dans tous ses gestes, et entendre ce qu'il aurait pu dire, si, comme on aurait toujours dû le craindre, le masque de fer, qu'on dépeint fort et vigoureux, se fût abandonné à quelque violence, ou eût cherché à se faire connaître dans quelque accès de désespoir? Il est vrai que les deux pistolets, tristement dirigés sur lui, et que M. de Saint-Mars n'avait sans doute à côté de son assiette que pour le tuer dans le besoin, étaient les garants de sa sagesse et de son silence. Mais enfin, n'était-il pas possible que le prisonnier se jetât sur ces pistolets, qu'il les saisît, et qu'il s'en servît contre M. de Saint-Mars même, vieillard faible, cacochyme et âgé de plus de soixante-douze ans? D'ailleurs, pourquoi mettre sans cesse la mort sous les yeux de cet infortuné? Où était la nécessité de placer en *faction* ces vilains pistolets, pendant le repas, si cette faction cessait sans inconvénient, lorsque M. de Saint-Mars et le prisonnier étaient seuls couchés, chacun dans leur lit, à côté l'un de l'autre? Mais tant de puérilités aussi mal conçues que mal présentées, sont trop dégoûtantes; et si, parmi les gens du monde, même les plus sensés, il n'en était pas beaucoup qui croient tout, plutôt que de se donner la peine de réfléchir et de rien examiner, on rougirait de s'y être arrêté.

Mais comment M. de Palteau s'est-il laissé aller jusqu'à nous faire sérieusement des contes d'enfant aussi méprisables ? Je vais le dire.

M. de Palteau était un bon et honnête homme; mais il avait sa portion de petite vanité, et c'est cette petite vanité qui fit tout dans cette occasion. Lorsqu'il eut succédé à son père qui avait hérité de M. de Saint-Mars la terre de Palteau, il s'occupa principalement des papiers de la succession. Les différens brevets de M. de Saint-Mars, ses provisions, ses patentes, tous ses titres d'honneur attirèrent surtout son attention. Des baux et d'autres actes que M. de Saint-Mars avait passés, en se rendant de l'île Sainte-Marguerite à son gouvernement de la Bastille, lui attestèrent qu'il avait fait quelque séjour à Palteau, en 1698. Ayant vu depuis, dans les divers écrits qui parurent sur le masque de fer de 1753 à 1768, que ce prisonnier avait été conduit par M. de Saint-Mars lui-même, il en conclut qu'il avait séjourné à Palteau avec son conducteur, puisqu'il était établi dans ces écrits que le conducteur ne s'était jamais séparé de son prisonnier. Mais il n'avait sur cet événement aucune notion particulière. Jamais il n'en avait entendu parler à Palteau. On ne savait rien, on ne se souvenait de rien ni à Palteau ni dans tous les environs. Son père même, qui avait toujours accompagné M. de Saint-Mars,

avait gardé un profond silence à cet égard. M. de
Palteau recourut donc à ses papiers; il n'y trouva
pas plus d'éclaircissemens. Alors il appela, il
interrogea les plus vieux paysans de Palteau. Persuadé que le masque de fer y avait séjourné avec
M. de Saint-Mars, il voulut absolument que,
malgré la contradiction des temps, ils en sussent
quelque chose. Ces pauvres gens l'assurèrent d'a-
bord qu'ils ne savaient ce qu'il voulait dire; mais,
obstiné à vouloir qu'ils fussent instruits, il joua
le rôle de ce personnage de comédie, qui, voulant
que son valet sache une chose qu'il ignore, commence par la lui apprendre, et à chaque circonstance dont il l'instruit, et que le valet répète, il
dit à celui-ci : *Tu vois bien que tu le savais.* Le
valet, qui ne s'en doutait pas, en convient, et se
rit intérieurement de la faiblesse de son maître.
Comme il en est parmi les paysans qui ont aussi
leur part de la malice humaine, quelques-uns
d'entre eux se firent un amusement d'ajouter aux
questions de M. de Palteau et de se jouer malignement de leur seigneur. Voilà l'origine des
cheveux blancs et des pistolets.

C'est ainsi que M. de Palteau parvint à se faire
dire par les paysans une partie de ce qu'il désirait en apprendre, et, qu'après les avoir induits
à convenir qu'ils le savaient, il s'étaya de leur
prétendu témoignage dans sa lettre. L'histoire

absurde et ridicule qu'il rapporte, comme venant d'eux, il la fabriqua lui-même sans s'en apercevoir, et la leur suggéra ; il métamorphosa en faits certains ses propres questions. On pourrait même dire qu'on entrevoit, à la manière hachée dont il présente les faits, que ce ne sont que des aveux arrachés.

J'ai dit qu'une petite vanité avait tout fait, lorsque M. de Palteau écrivit sa lettre. Il fut flatté de joindre son nom aux noms de Voltaire, de Saint-Foix et des autres écrivains qui s'étaient occupés du masque de fer. Il fut flatté de paraître avoir été à portée d'en savoir plus qu'eux sur un événement qu'on croyait de la plus grande importance. Il le fut d'apprendre au public qu'il était le neveu de M. de Saint-Mars, d'un gouverneur de la Bastille, d'un maréchal de camp, et qu'il possédait la terre de Palteau qui devait devenir célèbre par le séjour que M. de Saint-Mars serait censé y avoir fait avec le fameux prisonnier. Il crut enfin qu'il pourrait rejaillir de tout cela quelque honneur sur sa maison.

RAPPORT DU SIEUR DE BLAINVILLIERS.

Contre ce que je m'étais d'abord proposé, je m'étendrai peu sur le rapport du sieur de Blainvilliers. Il suffit de lui appliquer ce que je viens de dire sur le rapport des paysans, parce qu'il peut être considéré sous le même point de vue. Je serais néanmoins assez porté à croire que tout n'est pas absolument faux dans son récit. Blainvilliers avait été employé à l'île Sainte-Marguerite; il pouvait y avoir vu le masque de fer, quand même il ne l'y aurait pas vu de la manière dont il le raconte. La couleur brune qu'il donne à ses habits était celle des habits du patriarche. L'observation *de la jambe trop fournie par le bas* est une chose qu'un menteur même ne s'avise guère d'inventer, ou de dire, s'il n'en est averti par la vérité. Cette forme est aussi celle des Arméniens et de tous les peuples du Levant. A l'exception de ces deux particularités, presque tout ce que prétend nous apprendre Blainvilliers, il l'a pris dans M. de Voltaire, jusqu'à l'erreur de la date de 1704, qui est toujours une erreur, puisqu'il voulait parler de la mort de Marchialy en 1703. On ne sait du reste qui l'on doit considérer le plus dans ces faux détails, ou M. de Blainvilliers, ou M. de Palteau, quoique celui-ci les donne tous comme les tenant du premier. Il est d'autant plus naturel de les attribuer à M. de Palteau, qu'en homme piqué, il lance un trait contre M. de Saint-Foix; car c'est lui qu'il attaque en disant que Blainvilliers n'avait point entendu dire que le masque de fer eût aucun accent étranger. Cet accent étranger était une des raisons sur lesquelles Saint-Foix s'était fondé pour soutenir que le masque de fer était le duc de Montmouth. Ce que Blainvilliers dit de l'enterrement secret et des drogues qu'on mit dans le cercueil pour consumer le corps, n'est qu'une fable puérile à ajouter à toutes les autres. Il n'y eut rien de secret, rien d'extraordinaire dans la manière d'enterrer Marchialy. Il le fut avec si peu de mystère que les parens de tout homme qui aurait été enterré après lui dans la même paroisse, auraient vu, en signant sur les registres de sépulture, que Marchialy, mort le 19 novembre à la Bastille, venait aussi d'être enterré.

Peut-être se trouvera-t-il encore des lecteurs qui, livrés à leurs premières impressions, toujours possédés de leurs anciens préjugés, reviendront malgré eux au journal de Dujonca et aux registres mortuaires de Saint-Paul, qui se représenteront à leur esprit comme des difficultés insurmontables; mais je ne me lasserai pas de leur répéter : Laissez de côté ces faux titres; oubliez-les, ou, les envisageant dans leur véritable sens, servez-vous-en comme d'un flambeau, non pour courir après de vains fantômes, mais pour découvrir la vérité qu'on s'est efforcé de vous cacher. Sentez enfin, reconnaissez que le journal de Dujonca n'est qu'une insigne fausseté; et l'article de Marchialy, tout vrai, tout incontestable qu'il est dans les registres de Saint-Paul, ne devient lui-même, par l'abus qu'en a fait artificieusement le père Griffet, qu'une double supercherie. Son intention une fois connue ou seulement soupçonnée, chaque ligne, chaque mot de son discours le décèle. On y voit avec la plus grande évidence que le jésuite n'a eu d'autre but que de tromper le public : mais, en travaillant à lui dérober la connaissance d'un forfait de sa société, il n'aura réussi, sans la sauver de cette honte, qu'à élever à sa propre mémoire un monument d'infamie. Ses amis tenteront peut-être de le justifier, en disant que son ouvrage n'est qu'un jeu d'esprit; mais tout honnête homme jugera sans doute qu'un jeu est de beaucoup trop fort, lorsque du ton le plus sérieux on joint sans aucune pudeur l'imposture à la plaisanterie.

Tout ce que nous venons de dire sera prouvé; mais il est temps de considérer un peu à fond son examen.

DE LA DISSERTATION DU PÈRE GRIFFET SUR LE MASQUE DE FER, OU SON EXAMEN DE CETTE ANECDOTE MIS DANS SON VÉRITABLE JOUR.

Ce ne fut pas sans dessein que le père Griffet inséra sa dissertation dans son traité *des différentes preuves qui servent à établir la vérité de l'histoire* : il se flatta que ce titre aiderait à l'illusion, et que jamais personne ne soupçonnerait qu'il eût mis une pièce aussi mensongère dans un ouvrage qu'il donnait comme uniquement consacré à la vérité. Aussi le succès répondit-il parfaitement à ses vues. On s'attacha, comme il le désirait, aux actes authentiques qui servent de base à son examen ; et tous ceux qui, après lui, travaillèrent à la découverte de ce mystérieux événement, prirent constamment ces prétendus actes pour base de leurs recherches. Mais jamais écrit, on ose le dire, ne fut composé avec plus de mauvaise foi d'astuce et d'artifice. Les gens d'esprit comme les sots, les savants comme les ignorants, Voltaire enfin, Saint-Foix et une multitude d'autres écrivains donnèrent aveuglément dans les piéges qu'il leur avait tendus, et ils y furent tous pris de la manière la plus étrange, sans qu'aucun deux se doutât le moins du monde de la supercherie. Si dès-lors les mots persiflage et mystification n'eussent pas été introduits assez ridiculement dans la langue française, jamais ils n'auraient pu être plus justement inventés que dans cette occasion.

La morale relâchée des jésuites est connue : on sait qu'aucune considération ne les arrêtait, lorsqu'ils trouvaient l'occasion de faire du mal à leurs ennemis, ou de défendre la société [1]. Un

---

[1] « L'honneur du corps est pour les moines une espèce d'idole à
« qui ils se croient permis de sacrifier toute justice, raison, vérité :
« on peut dire constamment des jésuites que ce défaut est plus

trait des jésuites de Douai, rapporté par Bayle dans une de ses lettres, est bien propre à confirmer l'opinion qui se trouve généralement établie à cet égard. « Ces imposteurs, dit Bayle, ont « écrit, sous le nom de l'évêque d'Arras, pendant « plusieurs mois, à des jansénistes de Douai, et entre « autres à un professeur de philosophie, pour l'en- « gager, sous de belles promesses, à se défaire de « son établissement, et à s'en aller en Languedoc « prendre possession d'un meilleur; et il y est « allé, le simple qu'il a été, et n'a trouvé per- « sonne à l'adresse qu'on lui a donnée. Vous « admirerez la fourbe, ajoute Bayle, et vous re- « présenterez bien des éclats de rire en ceux qui « l'ont fait si bien réussir. »

Nous dirons, en nous servant des propres expressions de Bayle, qu'il ne s'est trouvé personne aux adresses que le père Griffet a données à ses lecteurs, dans sa dissertation; et si les jésuites de Douai se réjouissent si fort d'avoir dupé un janséniste, qu'on se figure les éclats de rire auxquels le père Griffet s'abandonna, dans la joie d'avoir si bien réussi à duper toute l'Europe. Mais venons à notre objet.

« commun parmi eux que dans aucun corps, jusque là que quel-
« ques-uns de leurs casuistes ont avancé cette maxime horrible
« qu'un religieux peut en conscience calomnier, et tuer même, les
« personnes qu'il croit faire tort à sa compagnie. »
Racine, dans son histoire de Port-Royal.

Nous nous sommes d'abord trouvés un peu embarrassés sur la manière de combattre l'examen. En effet, comment attaquer sérieusement un ouvrage qui n'a pas été fait sérieusement? Ce serait se battre contre le vent. Évitons le ridicule où tomba M. de Saint-Foix, en ne répondant qu'au sens dans lequel il avait pris l'examen, et nullement au sens dans lequel avait été composé cet ouvrage. Faire voir que tous les raisonnements du père Griffet ne sont que des faussetés dérisoires et des plaisanteries, nous a semblé devoir être la meilleure réfutation.

Il commence son examen par transcrire l'histoire du masque de fer, telle qu'elle nous a été donnée, dit-il, « dans un livre très-connu, et « très-bien écrit (dans le *Siècle de Louis XIV*). « On ne parla beaucoup, selon lui, de ce prison-« nier, que depuis que Voltaire eut fait part au « public de cette aventure? »

Il passe ensuite aux deux articles du journal de Dujonca, dont le premier nous apprend l'arrivée du prisonnier inconnu à la Bastille, et le deuxième nous rend compte de sa mort.

A ces deux articles, il en joint un troisième qui est l'extrait des registres mortuaires de l'église de Saint-Paul, où le nommé Marchialy, mort à la Bastille, avait été enterré, et dont la date s'accorde avec celle de la mort du prisonnier inconnu à la Bastille, selon le journal de Dujonca; d'où l'on a conclu que Marchialy était le masque de fer.

Telles sont les bases sur lesquelles porte la dissertation. Après avoir tracé un cercle autour de ces trois articles, le père Griffet y renferme ses lecteurs en leur adressant les paroles suivantes : « La vérité, leur dit-il, est dans ce cercle; elle n'est « que là, et ne peut être que là: hors de ce cercle « vous ne trouverez qu'erreurs et faussetés : prenez-« donc bien garde de ne pas en franchir la cir-« conférence. Vous perdriez le fil que je veux « bien vous donner, pour vous conduire en sû-« reté dans le labyrinthe, et après vous être en « vain débattus dans vos recherches, vous en se-« riez pour la honte de vous être ridiculement « égarés. »

Voilà ce que le père Griffet nous dit en d'autres termes, et ce qu'il a réussi à persuader à tout le monde; tandis qu'on devait être persuadé au contraire que ce n'était qu'en sortant de ce cercle qu'on pouvait arriver à la vérité.

Pour attirer une confiance entière au journal de Dujonca, pour en faire, en quelque sorte, un article de foi, le jésuite ajoute :

« De tout ce qui a été dit ou écrit sur cet « homme au masque, rien ne peut être comparé, « pour la *certitude*, à l'autorité de ce journal : c'est « une pièce authentique, c'est un homme en place, « un témoin oculaire, qui rapporte ce qu'il a vu, « dans un journal écrit tout entier de sa main, où

« il marquait chaque jour ce qui se passait sous
« ses yeux. »

Mais le père Griffet ne nous a-t-il pas averti lui-même d'être en garde contre cette pièce authentique, lorsqu'il nous a dit dans un autre chapitre de l'excellent ouvrage qui contient son examen : « Qu'avant d'employer l'autorité d'une pièce « authentique, il fallait commencer par s'assurer « qu'elle n'était ni fausse, ni falsifiée. »

C'est donc par là qu'il aurait été sage de commencer. Le père Griffet a cité le premier le journal de Dujonca comme véritablement authentique, et nous n'avons d'autre titre, d'autre preuve pour y croire que sa parole. Quoi qu'il en soit, nous croyons ne rien hasarder en assurant d'avance, ou que le journal ne paraîtra jamais, ou que, si par événement il vient à être connu, on y verra des preuves convaincantes de sa fausseté ou de sa falsification.

Le père Griffet s'est bien gardé de toucher au récit de M. de Voltaire; il s'est borné à le mettre sous les yeux de ses lecteurs, sans y joindre aucune réflexion. Cependant il n'aimait pas cet écrivain : il s'était toujours fait un plaisir de relever ses méprises. On devrait donc être étonné des ménagemens qu'il montre pour lui dans cette circonstance. Avec la plus belle occasion d'attaquer avantageusement, sur une multitude de faits, un adversaire auquel il n'avait jamais rien pardonné, il se hâte de lui abandonner le champ de bataille. Il lui fait même grace sur une contradiction non moins frappante que ridicule. Voltaire, à la manière des romanciers, pour rendre le masque de fer plus intéressant, lui avait donné la figure la plus belle et la plus noble; et cela au moment même où il venait d'avancer *que personne n'avait jamais vu son visage, pas même un vieux médecin qui l'avait souvent traité dans ses maladies.* Le père Griffet porte la complaisance jusqu'à se défendre de rire de cette contradiction; mais sa générosité envers M. de Voltaire n'était qu'une perfidie à l'égard du public.

L'opinion de Voltaire est connue, quoiqu'il ne l'ait pas manifestée ouvertement. Il n'a fait que l'insinuer à ses lecteurs, sans la leur dire. En fixant la translation du prisonnier inconnu à la Bastille, à l'année 1661, quelques mois après la mort du cardinal Mazarin, il en avait fait une espèce d'infamie qu'il concentrait dans la famille royale. Rien n'était plus facile que d'anéantir cette absurde opinion; mais il était de l'intérêt du père Griffet de la laisser tout entière aux lecteurs de M. de Voltaire. Aussi s'est-il bien gardé de la combattre, et même de s'y arrêter. Son plan le lui défendait; il connaissait toute la force qu'ont sur les hommes les premières impressions; il savait que le vulgaire et même les

Il le croyait de la reine du cardinal

gens qui se croyent fort au-dessus du vulgaire, entraînés par le nom de ce célèbre écrivain, tourneraient toujours les yeux sur son récit, qu'ils s'y attacheraient, qu'ils se confirmeraient de plus en plus dans les préjugés qu'ils y avaient puisés, et il n'avait garde de se rien permettre qui pût les affaiblir. Plus les hommes tiendraient à ces préjugés, moins ils seraient capables, je ne dirai pas de découvrir la vérité, mais d'en approcher.

Pour être en état de saisir le père Griffet dans tous ses détours, il est nécessaire de se faire une idée exacte de la méthode qu'il suit dans son examen.

Elle consiste : 1° à fuir et à écarter tout ce qu'il sait être vrai, ou en le niant, ou en se prescrivant sur cela un silence absolu.

2° A appuyer et à raisonner longuement sur ce qu'il sait n'être pas, sur ce qu'il sait être faux, et à persuader aux autres que cela est vrai, en s'en montrant lui-même persuadé. Nous ajouterons même, sans craindre de rien hasarder, que, toutes les fois qu'il avance simplement un fait, il en impose; et que, s'il l'affirme, s'il y joint le mot certainement, c'est pour en imposer encore davantage. Son ouvrage enfin n'est qu'un composé de faussetés, de réticences et de plaisanteries. S'il ne parle jamais de ce qui est vrai, il ne saurait tenir sur ce qui est faux. Telle est sa marche constante. Pignerol nous en fournit un exemple qui nous tiendra lieu de tous les autres.

Le père Griffet savait très bien que le prisonnier inconnu n'avait jamais été enfermé à Pignerol; mais, pour le succès de son plan, il devait mettre toute son application à bien persuader que Pignerol avait été sa première prison. Il ne pouvait cacher qu'il avait été renfermé à Sainte-Marguerite et à la Bastille : la chose était trop connue; aussi se décida-t-il à en convenir : mais il eut la précaution d'accoler artificieusement Pignerol aux prisons de Sainte-Marguerite et de la Bastille; car, disant la vérité sur sainte-Marguerite et la Bastille, on devait en conclure qu'il la disait également sur Pignerol; rien n'est plus naturel que cette conséquence.

Il débute donc par assurer que le prisonnier inconnu avait été d'abord enfermé à Pignerol, de là transféré à Sainte-Marguerite, et ensuite à la Bastille. Il appelle, à l'appui de cette assertion, le premier article du journal de Dujonca, auquel il fait dire « que le 18 septembre 1698, M. de
« Saint-Mars est arrivé, *pour sa première entrée*, ve-
« nant de son gouvernement des îles Sainte-Mar-
« guerite, ayant mené avec lui un *ancien prison-*
« *nier qu'il* avait à Pignerol. » Cette assertion une fois jetée en avant, il ne se lasse pas d'y revenir et de remettre sans cesse Pignerol sur la scène : il veut que ses lecteurs aient toujours Pignerol sous les yeux, et qu'ils ne puissent rai-

sonner que sur ce premier fondement. Ici, il redit que le masque de fer fut d'abord envoyé à Pignerol sous la garde de Saint-Mars qui en avait le commandement; là, il établit que ce qui manque pour décider entre les différentes opinions, c'est de savoir au juste en quelle année le prisonnier fut conduit à Pignerol qui fut *certainement* sa première prison. Partout il place Pignerol devant lui, et, à la faveur de cette supposition établie comme une vérité incontestable, il croit pouvoir, sans aucun risque, hasarder toute sorte de plaisanteries. Ailleurs, il nous dit que si l'on était sûr « que ce prisonnier avait été conduit à
« Pignerol en 1669, on serait fondé à croire que
« c'était le duc de Beaufort; que, si l'on était sûr
« qu'il n'avait été mis à Pignerol qu'en 1683, on
« pourrait croire que c'était le comte de Ver-
« mandois; que, si l'on était sûr qu'il ne fut con-
« duit à Pignerol qu'en 1685, on aurait raison
« de dire que c'était le duc de Montmouth. »
Le bon jésuite désirerait seulement, afin d'asseoir avec confiance une décision à cet égard, une de ces dates que l'on appelle fulminantes, parce qu'il en résulte une preuve qui ne souffre point de réplique. « C'est faute de pouvoir véri-
« fier une seule date, ajoute-t-il malignement,
« que nous nous trouvons dans des ténèbres et
« dans une incertitude d'où il nous est impossible

« de sortir : car il s'en faut beaucoup, dit-il en-
« core, que l'on puisse s'assurer du temps où
« l'emprisonnement du masque de fer a com-
« mencé à Pignerol [1]. Si, continue-t-il avec la
« même malignité, on le trouvait marqué dans
« quelque registre semblable à celui de Dujonca,
« on le saurait *avec certitude*; mais il avoue, en
« se riant intérieurement de ses lecteurs et du
« journal de Dujonca, que, pour vérifier une
« époque d'une aussi grande conséquence, il nous
« manque une preuve *de cette force et de cette
« authenticité.* Il finit par dire qu'on attendra,
« pour former une décision, qu'on nous ait don-
« né une date aussi sûre de l'arrivée de ce fa-
« meux prisonnier à Pignerol, que celle que l'on
« a de son arrivée et de sa mort à la Bastille par

[1] Il n'y a dans tout cela que mauvaise foi, fausseté et persifflage. Les dates de 1669, de 1683, de 1685 fussent-elles toutes trois vraies, ce qui est impossible, ou une des trois au défaut des deux autres, il serait toujours mille fois démontré qu'aucun de ces trois personnages ne pourrait être le masque de fer. Le père Griffet n'ignorait pas que Saint-Mars, qui était censé n'avoir jamais perdu de vue le prisonnier inconnu, n'était à Pignerol ni en 1683, ni en 1685; il était à Exilles depuis le commencement de juillet 1671, et il y avait mené avec lui les deux seuls prisonniers qui fussent alors sous sa garde et dont l'existence n'a jamais été ignorée : ces deux prisonniers étaient un jacobin mauvais sujet, et un comte Mathioly, Italien, aussi mauvais sujet que lui. Oui, il s'en faut beaucoup, sans doute que l'on puisse s'assurer du temps où l'emprisonnement du masque de fer a commencé à Pignerol, puisqu'il est impossible de savoir la date d'une chose qui n'a jamais été.

« le journal de Dujonca. » Mais, en attendant une preuve *de cette force et de cette authenticité* que le père Griffet feint de nous souhaiter charitablement, nous ne craindrons pas d'assurer que Pignerol, comme prison du masque de fer, est une fausseté; que les dates que nous a données le journal de Dujonca de son arrivée et de sa mort à la Bastille, sont des faussetés; que le journal de Dujonca est lui-même une fausseté d'où dérivent toutes les autres : et, si l'indignation que tout cela inspire pouvait laisser place à d'autres sentiments, nous nous amuserions beaucoup, avec le père Griffet, des vains efforts des curieux pour trouver dans les souterrains de Pignerol un prisonnier qui n'y entra jamais, et nous ririons comme lui de ses faussetés et de ses plaisanteries.

Nous avons fait plus haut l'analyse d'une lettre que M. de Palteau avait écrite à M. Fréron en 1768. Nous étions déjà persuadés alors, malgré cette lettre, que le masque de fer n'avait jamais séjourné à Palteau, et qu'il n'y avait que fausseté dans tout ce qui avait rapport à ce séjour. Nous remarquâmes surtout qu'il n'était nullement vraisemblable que Saint-Mars, cet homme si ombrageux, si précautionné, eût assemblé ses vassaux et une foule d'autres gens, pour leur donner en spectacle un prisonnier que l'on cachait avec les soins les plus extraordinaires. Le père Griffet, qui se moque intérieurement de cette lettre, devait, d'après sa méthode, faire semblant d'y ajouter foi : il commence par dire, non pas qu'elle est dictée, mais qu'elle paraît dictée par la vérité même ; et il fonde plusieurs raisonnemens, tous dignes de la lettre, sur les détails qu'elle contient. *M. de Palteau*, dit-il en propres termes, *y raconte tout ce qu'il avait appris de ceux qui vivaient* ENCORE *lorsque le masque de fer passa à Palteau*. On lit avec si peu d'attention, que la singularité de cette phrase a échappé à tous ses lecteurs. On a passé rapidement par-dessus la plaisanterie que ces expressions renferment, et la malignité du jésuite a eu un succès complet : du même trait lancé contre M. de Palteau dont il se joue, il a percé tous ceux qui n'ont pas été frappés de l'invraisemblance, et même de l'impossibilité qu'il y avait, à ce que les mêmes gens *qui vivaient encore*, c'est-à-dire, qui étaient *déjà vieux en* 1698, pussent être interrogés par M. de Palteau en 1768.

Le père Griffet vient ensuite à une lettre que la Grange-Chancel avait écrite à M. Fréron, plusieurs années après que le *Siècle de Louis XIV* eut paru, et il est assez plaisant de considérer l'importance qu'il affecte de mettre aux choses les plus futiles et les plus ridicules. Tout le monde

sait que la Grange-Chancel fut enfermé aux îles Sainte-Marguerite vers l'année 1718. Cet écrivain prétend s'être entretenu alors du masque de fer avec M. de Lamothe-Guérin qui y commandait, et avec le sieur de Formanoir (Blainvilliers), neveu de Saint-Mars, et lieutenant de la compagnie franche préposée à la garde des prisonniers. A l'en croire, il apprit des particularités très-intéressantes; mais la plus curieuse et la plus intéressante fut que *l'homme au masque de fer pouvait ôter son masque dans sa chambre, puisque lorsqu'il était seul il avait la liberté de s'amuser à s'arracher le poil de la barbe, avec des pincettes d'acier très-luisantes et très-polies.* Le père Griffet, qui se rit des pincettes et de la Grange-Chancel, fait semblant de vouloir rechercher à son tour, si le prisonnier demeurait effectivement masqué dans sa chambre: « *Il n'y a nulle appa-*
« *rence*, dit-il, qu'il fût obligé de garder son mas-
« que quand il mangeait seul dans sa chambre,
« en présence de Rosarges et du gouverneur qui
« le connaissaient parfaitement. Il n'était donc
« obligé de le prendre que lorsqu'il traversait la
« cour de la Bastille pour aller à la messe, afin
« qu'il ne fût pas reconnu par les sentinelles, ou
« quand on était obligé de laisser entrer dans sa
« chambre quelqu'homme de service qui n'était
« pas dans le secret. »

Le jésuite met ainsi en fait tout ce qui a besoin d'être prouvé, tout ce qu'il sait lui-même être faux, et il en conclut que le prisonnier pouvait ôter son masque. Mais la principale preuve en est, selon lui, dans les pincettes d'acier très-polies et très-luisantes, avec lesquelles il pouvait s'amuser à s'arracher le poil de la barbe. Le lecteur en conclura avec beaucoup plus de raison que le père Griffet se riait de toutes ces vaines preuves dans le fond de son cœur. Que chacun juge si un trait de cette espèce, aussi incertain d'ailleurs que frivole, trait qui ne tient à rien, qui ne nous apprend rien, était de nature à arrêter sérieusement un homme aussi difficile en preuves, que l'auteur du *Traité des différentes preuves qui servent à établir la vérité de l'histoire?* Qui ne sentira pas, au contraire, que tant de puérilités, tant de misérables raisonnements ne peuvent-être que des plaisanteries?

Dès que le père Griffet affecte de s'occuper gravement dans sa dissertation des choses les plus frivoles, il devait y faire jouer un rôle aux cheveux du masque de fer; aussi n'y a-t-il pas manqué. « Les traditions contenues dans les écrits sur
« le masque de fer, nous dit-il, ne sont pas toutes
« également vraies; elles ne sont pas également
« fausses : mais toutes ces traditions s'accordent
« assez sur un point, qui est que l'homme au mas-

« que avait les cheveux blancs, et dans le temps
« qu'il était à Sainte.-Marguerite, et depuis, lors-
« qu'il passa par le château de Palteau¹. » En effet
il n'y aurait rien d'extraordinaire à ce qu'il eût
eu les cheveux blancs à Palteau, s'il les avait déjà
eus blancs à Sainte-Marguerite; mais on se con-
tentera de demander si ces curieuses traditions
peuvent être autre chose que des plaisanteries.

D'après la méthode de beaucoup appuyer sur
ce qui est faux, le père Griffet ne se lasse pas de
revenir au masque du prisonnier, comme il est
souvent revenu à la prison de Pignerol. M. de
Palteau, rapportant ce que lui avaient raconté
les paysans qui, par la croisée de la salle à manger assistaient en foule au repas de M. de Saint-
Mars et du masque de fer, disait dans sa lettre:
« Que *M. de Saint-Mars* mangeait avec son pri-
« sonnier qui avait *le dos opposé* aux croisées de
« la salle *à manger, qui donnaient sur la cour.*
« Que les paysans *qui l'avaient vu*, et qu'il a in-
« terrogés, ne purent voir *s'il mangeait* avec son
« masque; mais ils observèrent *très-bien* que M. de

---

¹ Fidèle au plan qu'il s'était fait de ne dire aucune vérité dans son ouvrage, le P. Griffet devait nécessairement donner des cheveux blancs au prisonnier; car il est prouvé qu'il les avait *noirs sans aucun de mêlé*; d'après ce même plan, il est permis de conjecturer que, dès qu'il se plaît à raisonner aussi longuement sur le masque du prisonnier, il ne fut jamais question ni de masque de fer ni de masque de velours pour le prisonnier inconnu.

« Saint-Mars, qui était à table *vis-à-vis de lui*,
« avait deux pistolets à côté de son *assiette*; ils
« n'avaient pour les servir qu'un *seul valet de*
« *chambre* qui allait chercher les plats *qu'on lui*
« *portait* dans l'antichambre, fermant *soigneuse-*
« *ment* sur lui la porte de la salle à manger. »

La fable de ces pistolets factionnaires est si absurde, que le père Griffet a craint de trop offenser M. de Palteau en s'y arrêtant: mais, comme s'il eût voulu faire mieux sentir encore les traits qu'il avait déjà lancés contre lui, au sujet du rapport qu'il prétendait lui avoir été fait par ces paysans si vivaces, il écrit en gros caractères: *Les paysans qui l'avaient vu, et qu'il a interrogés.* Il ajoute ensuite du ton le plus sérieux: « Voilà
« des circonstances qui prouvent que le prison-
« nier avait la liberté d'ôter son masque, d'abord
« à l'île Sainte-Marguerite quand il voulait s'ar-
« racher avec des pincettes le poil de la barbe;
« ensuite à Palteau, lorsqu'il mangeait avec M. de
« Saint-Mars; car, s'il avait eu son masque, pour-
« quoi aurait-on pris toutes ces précautions?

« Pourquoi aurait-on voulu qu'il tournât le
« dos aux fenêtres de la salle à manger?

« Pourquoi le valet de chambre qui les servait
« aurait-il été prendre les plats dans l'anti-
« chambre?

« Pourquoi fermait-il soigneusement la porte

« de la salle à manger, quand il y était entré? »

C'est au lecteur à juger si toutes ces preuves et tous ces pourquoi si comiques ne sont pas de véritables plaisanteries.

Le père Griffet, comme on l'a vu, ayant eu ses raisons pour laisser intact le récit de M. de Voltaire, réduit à trois opinions les différents systèmes qu'on a imaginés sur le masque de fer. La Grange y avait vu le duc de Beaufort; Saint-Foix, le duc de Mont-Mouth; l'auteur des *Mémoires secrets*, le comte de Vermandois, fils de Louis XIV. Le jésuite, en feignant de préférer le dernier système à tous les autres, s'en moque réellement comme il s'est moqué des deux premiers; car rien n'est plus dérisoire que les raisons sur lesquelles il fonde cette préférence; les voici : première raison. « Il est constaté, dit-il,
« que le masque de fer avait la liberté de s'a-
« muser à s'arracher le poil de la barbe, avec
« des pincettes d'acier très-polies et très-luisan-
« tes; or, il est évident que cette occupation
« convenait bien mieux au jeune comte de Ver-
« mandois qu'au duc de Beaufort qui aurait eu
« plus de cinquante-huit ans. »

Deuxième raison, « Quoique le comte de Ver-
« mandois fût encore très-jeune, il serait inu-
« tile, selon le père Griffet, d'incidenter sur ce
« que M. Dujonca dit dans son journal, que

« *l'homme au masque de fer était un ancien pri-
« sonnier,* que M. de Saint-Mars avait à Pignerol.
« Si c'était le comte de Vermandois, ajoute le jé-
« suite, il y aurait eu quinze ans, en 598, qu'il
« aurait été envoyé à Pignerol. Or, quinze ans
« de prison donnent certainement à une per-
« sonne un titre d'antiquité que beaucoup d'au-
« tres n'ont pas, et sont ravis de ne pas avoir. »
(Ce titre d'antiquité peut-il être autre chose
qu'une plaisanterie?)

Troisième raison. « Les précautions éton-
« nantes que l'on prit pour cacher le nom du
« prisonnier pendant sa vie et après sa mort,
« continue le père Griffet, s'expliquent bien plus
« naturellement dans l'opinion de l'auteur des
« *Mémoires secrets,* que dans toutes les autres. »
Et aussitôt il nous les explique lui-même par des
exclamations ironiques, au lieu de nous les expliquer par des raisons. Il s'écrie donc : « Quel
« grand éclat n'aurait-on pas donné à un affront
« fait au dauphin par une punition publique?
« quel abîme d'affliction pour la mère et la
« sœur de ce jeune prince ! quelle nouvelle à
« leur annoncer que la détention éternelle d'un
« fils et d'un frère enfermé pour le reste de ses
« jours! Quelles précautions à prendre pour que
« ce terrible châtiment ne parvînt jamais à leur
« connaissance! Ces mêmes raisons, continue-t-

« il, subsistaient après sa mort. Comment an-
« noncer une fin si triste et si déplorable à sa
« mère et à sa sœur qui lui ont survécu? »

Nous ne nous permettrons sur tout cela aucune réflexion. Nous dirons seulement que les exclamations et les *pourquoi* du père Griffet, débités gravement sur le théâtre par un bon valet de comédie et surtout avec l'air de malignité qu'aurait pu y mettre le fameux *Préville*, feraient rire aux éclats tous les spectateurs, et attireraient à l'acteur de grands applaudissemens.

Le père Griffet devient toujours plus hardi à mesure qu'il avance dans sa dissertation. Il ose nous dire, après tant d'absurdes raisonnemens, « Qu'il ne faut pas s'imaginer que l'auteur des *Mé-*
« *moires secrets* soit le premier qui ait imputé
« au comte de Vermandois l'attentat dont il s'a-
« git; qu'on en avait parlé long-temps aupara-
« vant sur une de ces traditions, *qui ont à la vérité*
« *besoin d'être prouvées*, et que le souvenir de
« celle-ci s'était toujours conservé, quoiqu'on n'en
« fît pas beaucoup de bruit, du temps du feu
« roi (Louis XIV), par la crainte de lui déplaire.
« C'est de quoi, ajoute-il, beaucoup de gens qui
« ont vécu sous son règne pourraient rendre té-
« moignage. »

Ce passage de l'examen est plus qu'une plaisanterie. Il n'y a pas une seule ligne à laquelle on ne fût en droit d'appliquer le mot si fameux des *Lettres provinciales*, *mentiris impudentissime*. Oui, quoi qu'assure le père Griffet, l'auteur des *Mémoires secrets* est le premier qui ait parlé du prétendu attentat du comte de Vermandois. Jamais aucune tradition n'en avait fait mention avant lui. Celles *qui ont à la vérité besoin d'être prouvées* ont, ainsi que les vraies traditions, gardé un silence absolu sur ce sujet : si l'on peut dire que le souvenir de celle-ci s'est toujours conservé, c'est uniquement depuis 1745 ; car c'est en 1745 que parurent les *Mémoires secrets* ; et ce qui pourrait donner lieu à des soupçons assez singuliers, c'est cette même année 1745 que le père Griffet fut nommé confesseur de la Bastille. Il joint donc très-certainement le mensonge à la plaisanterie, lorsqu'il écrit « *que c'est de quoi beaucoup* de gens « qui ont vécu sous le règne de Louis XIV pour- « raient rendre témoignage. » Beaucoup de gens pourraient rendre témoignage, en 1770, d'un fait arrivé en 1683!! Ce trait est le pendant de celui qu'il avait déjà lancé contre le témoignage de ces paysans qui vivaient encore, c'est-à-dire, qui, déjà vieux en 1698, lorsque le masque de fer séjourna à Palteau, rendirent un compte détaillé de ce séjour à M. de Palteau, en 1768.

Mais le père Griffet lui-même ne croyait pas plus à l'outrage prétendu fait au dauphin que celui qui a écrit que cette opinion était un soufflet donné au sens commun. C'est ici que la plaisanterie va jaillir avec plus de force encore qu'elle n'a fait dans tous les raisonnemens qui précèdent.

« On ne prétend pas assurer comme un fait « certain, dit le jésuite, l'espèce de crime que l'on « voulait punir dans la personne du comte de Ver- « mandois; mais quand même celui qu'on lui im- « pute serait démontré faux, il ne s'ensuivrait pas « qu'en se trompant sur la nature du crime on « se trompât également sur la personne. Le comte « de Vermandois ne reparut à la cour que sur la « fin d'octobre, pour y prendre congé avant que de « partir pour sa première campagne ; et le temps « pour prendre congé, ajoute-t-il plaisamment, « est plus qu'il ne faut pour faire à la cour de « grandes fautes. » C'est après cette singulière ré- « flexion qu'il s'écrie : « Combien d'autres fautes un « jeune homme vif et emporté ne pouvait-il pas « commettre, qui eussent mérité et même exigé « une semblable punition ! »

Un enfant de quatorze à quinze ans, un fils de Louis XIV, toujours accompagné de son gouverneur, entouré de ses gentilshommes, pendant le peu de temps qu'il faut pour prendre congé du roi et de la famille royale, pouvait commettre une multitude de fautes qui auraient mérité et même exigé d'être punies par le plus long et le plus cruel des supplices! et ici ce ne sont plus des crimes, mais des fautes qui seraient punies avec cette barbarie! Il n'est personne qui ne sente d'abord qu'il est impossible qu'un homme aussi judicieux que le père Griffet ait écrit sérieusement d'aussi étranges absurdités, et que tout cela ne peut être qu'une plaisanterie.

Après les différens traits que nous venons de rapporter et auxquels il serait facile d'en ajouter une infinité d'autres, quel est l'homme à qui il pourrait rester quelque doute sur la nature et l'objet de la dissertation que nous venons de combattre? qui ne sera convaincu qu'il n'y a que faussetés et plaisanteries dans cet ouvrage? Mais ce qui n'est pas une plaisanterie, et la seule chose vraie qui soit peut-être dans l'examen, c'est la sortie violente du père Griffet contre son confrère le P. Tournemine. Sa colère est un problème moral que nous présenterons à nos lecteurs, et dont nous leur donnerons en même temps la solution; mais, avant que d'en venir là, nous croyons devoir faire mention d'un écrit qui parut immédiatement après l'examen et dont il fait nécessairement partie; quoiqu'il ait été donné au public sous le titre de *Lettre d'un ami du père Griffet*, tout fait voir que cette lettre est du père Griffet même et qu'elle ne peut être que de lui. C'est son style, sa manière propre, son genre d'ironie :

ce sont enfin les mêmes faussetés, le même persifflage, le même ton de plaisanterie.

Le succès de sa dissertation avait été probablement au-delà de ses espérances. On serait même fondé à soupçonner qu'il fut piqué qu'on l'eût cru capable de toutes les absurdités dont l'examen était rempli. Il voulut s'en venger, et il le fit en se jouant plus ouvertement encore qu'il ne l'avait fait et de M. de Saint-Foix et du public. Voulant faire sentir le ridicule d'un outrage dont il connaissait toute la fausseté, il prit, pour le démentir, un détour digne de lui : il le démentit par une autre fausseté. L'ignorance que cette fausseté pourrait faire supposer ne saurait être du père Griffet, un des hommes de l'Europe le mieux instruit des détails les plus minutieux de l'histoire. On a vu qu'il avait établi dans son examen que c'était à la cour que le dauphin avait reçu le plus grand des outrages, pendant le peu de momens que le comte de Vermandois y avait passés pour prendre congé de la famille royale. Dans sa lettre, au contraire, il assure que cet outrage imaginaire fut fait au dauphin devant Courtrai. Cette contradiction dérisoire était trop frappante pour qu'il pût donner la lettre sous son nom, et c'est probablement ce qui le détermina à la mettre sous le nom d'un ami : « L'auteur « des mémoires, dit-il, a mal placé le lieu de la

« scène, et cette faute a ôté presque toute vrai-
« semblance au reste de son récit. Ce fut au
« camp devant *Courtrai*, que M. le comte de Ver-
« mandois eut une querelle avec M. le dauphin. »

Il ne faut pas être fort habile en histoire pour savoir que le dauphin ne s'éloigna pas un moment de la cour pendant le siége de cette place. On en trouve la preuve dans toutes les feuilles, dans tous les journaux, dans toutes les gazettes. Qu'on se figure donc les éclats de rire du père Griffet, lorsqu'il vit Saint-Foix se démener de toutes les manières pour trouver des preuves que le dauphin n'avait pas fait la campagne de Courtrai. C'est l'action d'un homme qui, quand le soleil est en plein midi, se fatiguerait à vouloir nous prouver qu'il est au-dessus de notre horison.

Le père Griffet ne cesse de se moquer de Saint-Foix en le flattant, en le caressant, en lui applaudissant : il pousse enfin le persifflage jusqu'à le louer d'avoir su démontrer, au sujet du dauphin et du comte de Vermandois, que deux hommes ne sont pas exactement du même âge, quand l'un n'a que quinze ans, et que l'autre en a vingt-deux.

Enfin le père Griffet en vient jusqu'à convenir que le masque de fer passait en Provence pour un prince turc. Cet aveu, que l'aveuglement

dont il voyait qu'il avait frappé tous les esprits par son examen lui fit hasarder dans sa lettre, est bien précieux ; mais comme il pouvait être dangereux par ses conséquences qui tenaient de près à la vérité, il se hâte de détourner du véritable objet les regards du lecteur, et de les lui faire porter sur un objet étranger, en ajoutant aussitôt : « Je ne désespère pas de voir sou-
« tenir un jour que ce célèbre inconnu est le
« sultan Mahomet IV, détrôné en 1687 : sa taille,
« son accent étranger ; et quelques autres cir-
« constances paraissent d'autant plus propres à
« confirmer cette conjecture qu'on sait que le
« sort de ce prince après sa déposition est assez
« incertain. »

La taille de Mahomet IV se trouve là singulièrement bien placée ; mais le père Griffet, en parlant de l'accent étranger du masque de fer, et de quelques autres circonstances, en disait sûrement plus qu'il ne croyait en dire. Laissons pourtant de côté, dans ce moment, ce qui résulte de cet accent et de ces circonstances, et contentons-nous de remarquer que l'incertitude qu'il suppose n'est réellement qu'une fausseté. Le sort de Mahomet IV est très-connu. Détrôné en 1687, il fut enfermé dans le sérail, selon l'usage ordinaire des Turcs lorsqu'ils ne font pas mourir leur souverain, et on sait d'une manière certaine qu'il y vécut encore cinq ans. Tout ce que l'on ignore, c'est s'il y mourut de mort naturelle, ou s'il finit par être empoisonné.

Le père Griffet termine malignement sa lettre par les paroles suivantes :

« Nous aurions lieu de nous applaudir de nos « remarques, si elles engageaient M. de Saint-Foix « à communiquer au public des recherches et « des réflexions nouvelles. »

C'est encore là bien certainement une plaisanterie ; mais rien n'est plus plaisant que l'ardeur avec laquelle Saint-Foix se livre, par de nouvelles recherches, à cette ironique invitation. Il s'était néanmoins aperçu que l'auteur de la lettre avait *altéré des faits*, qu'il en avait *falsifié*, qu'il en *supposait* ; il lui reproche amèrement d'avoir écrit le contraire de ce qu'il *voyait* et de ce qu'il *pensait*. Quel nom, s'écrie-t-il, donne-t-on à un pareil procédé ? Mais telle fut sa prévention, que quoiqu'homme de beaucoup d'esprit, il eut toujours la bonne foi de croire que le père Griffet était sérieusement de mauvaise foi dans ce qui n'était de sa part qu'une suite continuelle de plaisanteries. On connaît le caractère sensible et violent de ce célèbre écrivain. Si la seule mauvaise foi du jésuite excitait sa colère, quelle n'aurait pas été sa fureur, s'il eût reconnu que cette mauvaise foi ne tendait qu'à se moquer de lui ?

Venons au problème que nous avons promis.

COLÈRE DU PÈRE GRIFFET CONTRE LE PÈRE TOURNEMINE.

PROBLÈME MORAL.

Saint-Foix, toujours prompt à saisir tout ce qui paraissait lui présenter le moindre jour en faveur de son système, rapporte un fait, duquel il croyait pouvoir inférer que le duc de Montmouth, quoique décapité en plein jour, à la vue de toute l'Angleterre, n'était pas réellement mort, et que, par conséquent, ce prince pouvait être le masque de fer. Voici ce fait, rendu fidèlement dans les propres termes de Saint-Foix.

« D'autres et moi, écrit-il, avons entendu ra-
« conter au père Tournemine, qu'étant allé faire
« visite à la duchesse de Portsmouth avec le
« confesseur du roi Jacques, le père Sanders,
« elle leur dit dans une suite de conversation,
« qu'elle reprocherait toujours à la mémoire de
« ce prince l'exécution du duc de Montmouth,
« après que Charles II, à l'heure de la mort, et
« prêt à communier, lui avait fait promettre
« devant l'hostie, que, quelque révolte que tentât
« le duc de Montmouth, il ne le ferait jamais
« punir de mort. *Aussi ne l'a-t-il pas fait, répon-*
« *dit avec vivacité le père Sanders.* »

Il n'y avait certainement rien dans tout cela que le père Tournemine, en se jugeant même avec la plus grande sévérité, eût la moindre raison de se reprocher. Qui sait même si, en rendant ce propos à M. de Saint-Foix, il ne s'était pas moqué de lui? Le père Griffet qui, dans son examen, s'était déjà ri malignement de son opinion, pouvait se borner à en rire de même dans cette occasion, et on ne lui en aurait pas demandé davantage; mais, par l'effet d'un sentiment dont la cause était restée inconnue, il entre tout-à-coup en fureur contre le père Tournemine, il écrit que « le témoignage de cent pères « Tournemine ne suffirait pas pour vérifier un « fait de cette nature; que ce père était d'une « imagination vive et enflammée, à peu près « comme celle de Maimbourg; qu'il aimait à ra- « conter des choses extraordinaires, sans trop « s'embarrasser si elles étaient vraies, ce qui fai- « sait dire, quand on rencontrait des gens du « même caractère,

« Il ressemble à Tournemine,
« Qui croit tout ce qu'il imagine.

et il a la dureté d'ajouter « qu'on sait d'ailleurs « qu'en cet endroit l'auteur des vers n'a point « outré la satire. »

Ce procédé entièrement opposé à la douceur

et à la politesse qui distinguaient le père Griffet, dut d'autant plus étonner qu'il était une violation manifeste des constitutions des jésuites. Toutes s'accordaient à recommander l'union entre les membres de la société. Elles leur ordonnaient de s'aimer, non comme hommes, mais comme jésuites. Elles leur faisaient une loi des égards réciproques. Elles en commandaient de particuliers pour ceux d'entr'eux qui étaient distingués par les talens et surtout par la naissance. Elles défendaient expressément d'attaquer leur gloire et leur réputation, parce que la gloire des individus faisait la gloire de la société.

Quelle est donc la raison qui a pu engager le père Griffet à violer aussi ouvertement une loi recommandée par toutes les constitutions? pourquoi, au mépris de toutes les bienséances, s'est-il porté à insulter à la mémoire d'un confrère qui joignait aux avantages d'une naissance distinguée la science et les talens? d'un confrère aimé, estimé, considéré à la cour et à la ville, célèbre dans toute l'Europe, dont le nom était compté parmi les noms les plus illustres, et qui à tant de titres réunissait, en qualité de profès, toute la plénitude du jésuitisme?

SOLUTION DU PROBLÈME.

Pour la solution de ce problème, il est nécessaire de savoir que si les constitutions recommandaient fortement les égards réciproques aux membres de la société, elles commandaient bien plus impérieusement encore de tout sacrifier, sans exception, à la société elle-même : ses propres membres étaient compris dans cette sorte d'anathème, parce que les individus n'étaient rien lorsqu'il s'agissait de l'intérêt et de la gloire de la société. Cette loi, comme on le sent, était la première en rang : toutes les autres lui étaient subordonnées.

On a vu que le père Griffet avait évité soigneusement dans son examen de jamais parler des jésuites. Il avait passé par-dessus le fait que Renneville rapporte dans son histoire; les jésuites y étaient trop fortement compromis. Il avait sauté une seconde fois par-dessus cette même anecdote, lorsqu'il avait discuté le mémoire de Saint-Foix qui s'étend assez sur ce sujet. Il était dans son plan, comme dans l'intérêt de sa cause, d'écarter toute idée qui eût le moindre rapport aux jésuites, surtout en parlant du masque de fer. Quand donc M. de Saint-Foix, en citant le propos du père Tournemine, vient à l'improviste mettre les jésuites sur la scène, ce propos, quelqu'innocent qu'il soit, devient aux yeux du père Griffet un crime de lèse-société qu'il ne saurait lui pardonner. Il ne voit qu'en frémissant les jésuites nommés à côté d'un forfait dont les seuls jésuites étaient les auteurs, et dont il avait travaillé lui-même avec autant de soin que d'artifice à dérober la connaissance à tous les hommes. La crainte que ces pensées lui inspirent le rend furieux et lui ôte subitement l'usage de sa raison. Il s'emporte avec violence contre le père Tournemine. Il le déprime, il l'outrage, il cherche à l'avilir. Il voudrait pouvoir l'anéantir dans sa colère. Brutus sacrifia des enfants chéris au salut de la patrie : le père Griffet croit immoler de même un confrère respectable au salut de la société.

La solution de ce problème est prise dans la nature du cœur humain : nous la croyons vraie, et sa vérité se fera mieux sentir encore par un exemple.

Nous avons parlé d'un plan, que le duc d'Aiguillon avait fait faire sous ses yeux, de l'action de saint *Cast*, et on se rappellera qu'au mépris des lois de la reconnaissance, il avait évité d'y mettre le moulin qui, pendant cette action, lui avait rendu un service signalé. Un artiste fameux imagine de faire un nouveau plan de la même action pour s'en faire un mérite auprès de lui. Ce plan était beau, nettement dessiné, et rien n'y avait été négligé pour l'exactitude et les ornements. L'artiste, fier de son ouvrage, vole chez

AU MASQUE DE FER.

le duc d'Aiguillon et le lui présente. Ce ministre, alors tout puissant, le reçoit avec une bonté qui donne à l'auteur les plus grandes espérances. Il admire son travail, il le loue ; il se disait dans le fond de son cœur que ce plan allait multiplier les titres de sa gloire. L'artiste, non moins content, s'imaginait déjà marcher à grands pas dans la carrière de la fortune. Tout-à-coup, le duc d'Aiguillon aperçoit le moulin qu'il avait rendu célèbre en s'y couvrant d'autre chose que de gloire. Il frissonne à cette vue ; son front se ride, son ton s'aigrit, et le mécontentement le plus marqué succède à sa première satisfaction. Le malheureux artiste, qui ne conçoit rien à ce bizarre changement, s'effraie, balbutie en tremblant quelques mots, fait plusieurs révérences à reculons, franchit la porte et disparaît. Jamais le duc d'Aiguillon ne lui pardonna.

Nous ne nous permettrons aucune réflexion sur ce qu'on vient de lire. Nous demanderons seulement si l'examen du père Griffet, sa lettre sous le nom d'un ami, et sa colère contre le P. Tournemine ne sont pas, pour tout homme qui pense, des preuves non équivoques de la vérité de notre découverte.

RAISONS DE SOUPÇONNER QUE LE MASQUE DE FER A EXISTÉ LONG-TEMPS ENCORE APRÈS 1703, DATE DE LA MORT DE MARCHIALY.

Au commencement de 1788, un de mes amis me communiqua une note qui lui avait été donnée par le premier commis des archives de la Bastille. Cette note, qui contenait tout ce qui se trouvait dans les papiers de ce château sur le masque de fer, n'était exactement que la répétition de ce que le père Griffet en avait dit dans son examen. Il y avait seulement ajouté, pour mieux tromper, « que cela avait été raconté par « M. de Launay, qui a été long-temps gouverneur « de la Bastille, et qui l'avait entendu dire à ceux « qui avaient vu le prisonnier avec son masque, « lorsqu'il passait dans la cour du château pour « aller à la messe. » Nous ne dirons pas que des ouï-dire, fondés sur des ouï-dire, forment une plaisante autorité, dont un critique aussi judicieux que le père Griffet aurait eu honte de faire usage, s'il eût parlé sérieusement; mais son intention et sa marche m'étant connues, lorsque cette note me fut remise, je ne fus pas étonné de son entière conformité avec ce qu'il en avait déjà dit lui-même au public. Tout me persuada que la note de la Bastille et le récit du jésuite étaient sortis de la même source, quoiqu'il eût voulu faire croire que c'était par M. de Launay qu'on l'avait appris. Je réfléchis néanmoins sur cette conformité, et voici le résultat de mes réflexions.

Je pensai, après avoir suivi pas à pas la marche artificieuse du père Griffet, qu'ayant choisi la date de la mort de Marchialy, en 1703, pour l'appliquer à la mort du masque de fer, il était très-vraisemblable qu'il aurait agi de même à l'égard de son entrée à la Bastille, en appliquant à l'entrée du masque de fer la date de l'entrée de Marchialy, c'est-à-dire la date du 18 septembre 1698. Mais, imaginant en même temps que le père Griffet aurait prévu qu'on pourrait recourir aux registres de la Bastille pour y vérifier les faits, et qu'alors on trouverait Marchialy assez bien signalé à son entrée, pour qu'on vît clairement qu'il ne pouvait pas être le masque de fer, je conjecturai qu'il n'aurait pas manqué de faire raturer ou effacer dans les registres cet article de 1698, comme l'unique moyen d'assurer le succès de sa supercherie. J'écrivis, en conséquence, à l'ami qui m'avait procuré la note de l'archiviste de la Bastille; mais je n'obtins aucun éclaircissement.

La fortune y a suppléé, et le temps, qui dévoile tout, malgré le père Griffet, a pleinement justifié mes raisonnements et ma conjecture. La prise de la Bastille en a mis au grand jour tous les papiers. Il est vrai qu'on n'a pas trouvé que l'article dont j'ai parlé eût été ni raturé, ni effacé dans le grand registre, comme je l'avais pensé; mais, ce qui n'était pas moins sûr, on a trouvé que la feuille qui le contenait en avait été enlevée. On lit, en propres termes, dans la *Bastille dévoilée*, dont les auteurs avaient le grand registre sous les yeux, « *que le folio 121 y suit immédiatement le folio 119, et que par conséquent le folio 120, qui contenait l'année 1698, manque.* » Ces auteurs ajoutent « *que ce folio n'a pas été déchiré, et qu'il semble au contraire qu'il a été enlevé avec beaucoup de soin et de précaution.* »

Cette conjecture, que le temps a si bien justifiée, aurait dû nous conduire alors à une seconde, qui était une suite toute naturelle de la première. Mais on s'avise rarement de tout à la fois. Nous aurions dû penser que, si le père Griffet avait eu la précaution et l'adresse de faire supprimer, dans les papiers de la Bastille, les notions qui s'y trouvaient, touchant l'entrée de *Marchialy*, il aurait eu la même précaution pour en faire disparaître les notions qui s'y trouvaient touchant le patriarche. Cette dernière mesure n'était pas moins nécessaire : aussi ne fut-elle pas négligée. Les auteurs de la *Bastille dévoilée* nous apprennent encore « *que depuis* 1705, *jusqu'au* 24 *avril* 1730 *inclusivement, leur registre se trou-*

AU MASQUE DE FER. 167

vait déchiré et mutilé à un tel point, qu'il leur était impossible d'en faire une analyse suivie.» C'est tout ce qu'ils en disent : mais nous remarquerons qu'au milieu de ce vide du registre déchiré, on trouve, comme jetés au hasard, les deux mots.... *arménien patriarche,* sans autre chose. Il est assez probable que ce registre ne fut ainsi déchiré, depuis 1705 jusqu'à 1730, que pour effacer toute trace du patriarche, depuis son arrestation jusqu'à sa mort. Car de ce qu'on vient de voir, en le joignant à ce qu'on va lire dans un moment, on pourrait présumer que le masque de fer ne mourut effectivement qu'en 1730.

Il y a des preuves, comme on le verra bientôt, que le masque de fer était à la Bastille en 1721 et même en 1723. Il ne serait donc pas étonnant qu'il eût encore vécu jusqu'en 1730; et on peut le soupçonner, puisque le temps de 1705 à 1730 est le temps renfermé dans ce qu'on a déchiré et mutilé dans le grand registre de la Bastille.

NOTE SINGULIÈRE TROUVÉE A LA BASTILLE, LORSQUE LE PEUPLE DE PARIS S'EN EMPARA ; ELLE POURRAIT DONNER QUELQUE POIDS A CETTE DERNIÈRE CONJECTURE.

Extrait du *Patriote français,* par Brissot, du mardi 11 août 1789, N° XIII.

« On vient de publier, dit Brissot, un petit,
« mais très-petit pamphlet, où l'on prétend prou-
« ver que l'homme au masque de fer n'était autre
« que Fouquet. On s'appuie sur une carte trouvée
« à la Bastille, qui contient la note suivante.......
« *Fouquet, arrivant des îles Sainte - Marguerite*
« *avec un masque de fer*. On lisait ensuite trois
« *xxx*, et au-dessous *Kersadiou*. »

C'est tout ce que Brissot nous dit de ce pamphlet qui m'est tout-à-fait inconnu, et sur lequel il est fort inutile d'en savoir davantage ; mais je m'arrêterai un instant au mot *Kersadiou* et aux trois *xxx* qu'on lisait sur la carte trouvée à la Bastille.

Ne serait-il pas possible que quelque homme parfaitement instruit de l'aventure du patriarche, un jésuite, par exemple, eût cherché, comme le barbier de *Midas*, à se soulager d'un secret qui lui pesait, en le consignant d'une manière obscure et singulière sur cette carte ? Le marquis de Bonnac, en le nommant, écrit *Awedix*, c'est-à-dire *Aouedix*, parce que le double *w* se prononce *ou* dans les langues de l'Orient, comme dans celles du Nord. M. de *Feriol* écrit *Awediks* ou *Aouediks,* en mettant *k* et *s*, au lieu d'*x*. Quelques missionnaires jésuites l'écrivent comme M. de Feriol. D'autres mémoires, sans adoucir les noms étrangers, comme cela est très-ordinaire dans la langue française, y ajoutent un *r*, en écrivant *Arwediks ou Arouediks*, ainsi que les Arméniens le prononcent. Dans ce dernier cas, *Kersadiou* serait exactement lettre pour lettre, l'anagramme d'*Arouediks*, c'est-à-dire du nom du patriarche.

Quant aux trois *xxx*, ce sont des chiffres romains qui signifient trente, et on aurait pu avoir en vue d'indiquer ainsi par abréviation l'année de sa mort : *Obiit anno XXX*. La chose aurait été trop claire si l'on en eût dit davantage. Cela s'accorde parfaitement à l'année 1730, qui a été déchirée à dessein dans le grand livre de la Bastille.

D'après ces réflexions, il serait assez naturel de croire que l'auteur de la carte se serait fait un plaisir d'y consigner deux choses vraies, le nom du patriarche, et l'époque de sa mort. Le nom de Fouquet, jeté au travers de ces deux vérités, serait la terre, dont le barbier de Midas avait bouché le trou dans lequel il avait déposé son secret.

PREUVES QUE L'EXISTENCE DU MASQUE DE FER EST DE BEAUCOUP POSTÉRIEURE A LA MORT DE MARCHIALY, ENTERRÉ EN 1703; D'OU RÉSULTE UNE PREUVE DE LA FAUSSETÉ DU JOURNAL DE DUJONCA.

« M. de Voltaire assure avoir appris du deuxième
« maréchal de La Feuillade, gendre de M. de

« Chamillard, qu'à la mort de ce ministre, il le
« conjura de lui apprendre ce que c'était que cet
« inconnu, qu'on ne connut jamais que sous le
« nom de l'homme au masque de fer ; et *que*
« *Chamillard lui répondit que c'était le secret de*
« *l'état, et qu'il avait fait serment de ne le point*
« *révéler.* » M. de Chamillard mourut en 1721 :
c'est donc en 1721 que M. de la Feuillade cher-
chait à savoir qui était cet inconnu. Jamais, quoi
qu'ait écrit le père Griffet, il ne fut parlé d'un
prisonnier masqué, ni sous Louis XIV, ni même
longues années après Louis XIV. Il perça peut-
être un moment à la cour qu'il y avait à la Bastille un prisonnier qu'on gardait avec des précautions extraordinaires, et c'est ce qui excita la
curiosité de M. de La Feuillade. Mais si ce prisonnier inconnu à tout le monde, et qui n'avait
avec personne aucun de ces rapports qui auraient pu intéresser à lui, eût été enfermé en
1698, et qu'il fût mort en 1703, quelqu'un en
France se serait-il souvenu de lui en 1721, dans
un temps surtout où les imaginations n'avaient
pas encore été exaltées par la multitude des écrits
qui parurent depuis sur cette aventure ? est-il
dans la nature du cœur humain qu'on conserve
ainsi la mémoire des gens que l'on a le plus
aimés ? On peut donc conclure de la prière faite
en 1721 à M. de Chamillard, par le maréchal de

La Feuillade, que le masque de fer vivait encore en 1721.

Les *Mémoires secrets*, etc., qu'on attribue au duc de Nivernois, assurent que le duc d'Orléans, régent, peu de temps avant sa mort, alla voir le masque de fer à la Bastille : Saint-Foix, persuadé, comme tout le monde, par le journal de Dujonca, que le prisonnier masqué était mort en 1703, se rit de cette visite, en disant que l'auteur des *Mémoires secrets*, après avoir ressuscité le prisonnier, le présente vivant en 1723. Voltaire, dans sa défense du siècle de Louis XIV, parle plus sérieusement de cette vérité : il affirme, en propres termes, que tout Paris sait qu'il est faux que le duc d'Orléans ait jamais fait une visite à la Bastille. Cette assertion de Voltaire, quoiqu'avancée sans doute avec trop de hardiesse, est en quelque sorte excusable, puisqu'il est très-vrai que les princes du sang n'entraient jamais dans l'intérieur de ce château. Mais cette visite du régent de la France, quoique contraire aux usages, et dans tous les sens fort extraordinaire, n'en est pas moins certaine. Elle est attestée par un acte de la Bastille, moins suspect que l'examen du père Griffet, et plus vrai, et plus authentique que son journal de Dujonca. On trouve, dans un mémoire manuscrit fait par le major d'alors, pour l'instruction d'un nouveau ministre qui avait la Bastille dans son département, les paroles suivantes :

« Du temps de la régence, j'ai vu entrer dans « la cour de l'intérieur du château M. le duc de « Lorraine et M. le duc d'Orléans, accompagnés « d'un seigneur de la cour dont il ne me souvient « pas du nom [1]. »

On aurait pu douter de ce fait, s'il ne se fût trouvé que dans les mémoires de Perse : on ne peut plus en douter quand on le voit attesté par un titre authentique de la Bastille. Donc Marchialy mort et enterré en 1703 n'est pas et ne peut être le masque de fer, qui a été vu à la Bastille en 1723. Donc tout est faux dans l'examen du père Griffet, et tout est également faux dans le journal de Dujonca, que ce jésuite n'a fabriqué que pour en faire la base de sa dissertation.

Il résulte bien clairement de tout ce qui précède, que quand on a enlevé le folio 120 du grand livre de la Bastille, c'est-à-dire l'année 1698, et qu'on y a mutilé et déchiré les années de 1705 à 1730, de manière à les rendre indéchiffrables, on a eu en vue d'y anéantir et les notices touchant Marchialy et les notices tou-

---

[1] Copie exacte d'un manuscrit trouvé à la Bastille, intitulé *Observations concernant les usages et règles du château royal de la Bastille.*

chant le patriarche. On y supprima tout ce qui concernait Marchialy, pour qu'on ne vît pas qu'il n'était pas le masque de fer et qu'il n'avait aucun rapport avec lui. On y supprima tout ce qui concernait le patriarche, pour qu'on ne pût jamais connaître que ce patriarche était le prisonnier inconnu, dont on a fait tant de bruit sous le nom de l'homme au masque de fer.

PROBABILITÉS QUI FORTIFIENT LES PREUVES.

On vient de voir que le prisonnier inconnu, que le masque de fer ne peut être Marchialy, mort très-certainement en 1703. Mais, comme il est des probabilités qui sont propres à donner un nouveau jour aux preuves mêmes, nous croyons devoir en ajouter quelques-unes à celles que nous n'avons déjà répandues qu'avec trop de profusion, peut-être, dans le cours de ce mémoire.

PREMIÈRE PROBABILITÉ.

On a vu dans la première partie de cet ouvrage que Nélaton, chirurgien anglais, près de la porte St-Antoine, avait été conduit à la Bastille, pour y saigner un prisonnier, c'est-à-dire le masque de fer. M. de Saint-Foix qui atteste ce fait, le tenait de Nélaton lui-même, qui le lui avait raconté plusieurs fois. On pense bien que Saint-Foix ne manqua pas de s'informer du temps précis où cette visite avait eu lieu : mais, l'époque que lui donna Nélaton ne s'accordant pas avec les préjugés qu'il avait puisés dans le journal de Dujonca et se trouvant postérieure à l'année 1703, qu'on croyait être celle de la mort du prisonnier, il fut persuadé que Nélaton se trompait à cet égard : il n'a fait aucune mention de sa réponse, et n'a pris de son récit que ce qu'il a cru favorable à son opinion touchant le duc de Montmouth. C'est ainsi qu'en ont usé tous les auteurs qui ont écrit sur ce sujet : ils ont rejeté toutes les époques qui se trouvaient en contradiction avec celles du journal de Dujonca, et qui seules auraient pu les conduire à la vérité.

DEUXIÈME PROBABILITÉ.

Voltaire a agi comme tous les autres ; il raconte dans sa défense du siècle de Louis XIV, que M. Riousse, ancien commissaire des guerres à *Cannes*, avait vu ce prisonnier dans sa jeunesse, quand on le transféra de l'île Ste-Marguerite à Paris. *M. Riousse*, ajoute-t-il, *était encore en vie l'année passée* (1754) *et peut-être vit-il encore* (1755) : mais, s'il était vrai, comme on doit le croire, qu'il eût réellement vu le prisonnier lorsqu'on le transférait à la Bastille, Voltaire suppose tacitement que c'était en 1698, et il se borne à écrire vaguement qu'il l'avait vu dans sa jeunesse. Il se garde bien de fixer l'époque où M. *Riousse* l'avait vu : cette époque ne s'accordait pas avec le journal de Dujonca. Si les gens qui ont été cités comme témoins oculaires par les différents auteurs eussent prétendu avoir vu le prisonnier en 1698, on ne pourrait les comparer qu'à ces paysans, dont le père Griffet dit assez plaisamment qu'ayant tout raconté à M. de Palteau en 1768, ils méritaient d'autant plus de foi, qu'ils avaient tout vu de leurs propres yeux, puisqu'ils vivaient *encore* en 1698.

TROISIÈME PROBABILITÉ.

Le prince Henri de Prusse se trouvait à Paris vers l'année 1785. Il alla à la Bastille et il y parla beaucoup du masque de fer avec le gouverneur et les officiers de l'état-major ; à travers les conjectures, les contradictions et les faits confondus pêle-mêle, au hasard, dans leurs discours, il démêla différents traits qui lui firent conclure que l'existence de l'homme au masque de fer tenait à un temps beaucoup moins éloigné que les époques auxquelles s'étaient fixés tous les auteurs qui avaient travaillé à cette découverte. Il en parla au comte de Grimoard de qui je tiens cette anecdote, et il se crut fondé à lui assurer que ce ne serait qu'en rapprochant les recherches de notre temps, qu'on pourrait parvenir à découvrir la vérité.

Ce prince, que le grand Frédéric, son frère, estimait assez pour en être jaloux, jugea cet événement, comme dans ses campagnes il avait jugé la conduite des généraux ennemis, dont il n'aurait pas mieux connu les desseins, quand même il aurait assisté à leurs conseils. Il vit dans les discours des officiers de la Bastille, ce qu'eux-mêmes n'y voyaient pas, parce qu'il y porta ce coup d'œil sûr et perçant, qui, dans la multitude des combats qu'il avait livrés, lui avait toujours assuré la victoire.

BLAINVILLIERS.

Quoique nous ayons déjà parlé plusieurs fois de Blainvilliers, nous sommes obligés d'y revenir : ce qu'on a dit de lui exige quelqu'éclaircissement.

M. de Palteau, en disant que Blainvilliers, officier d'infanterie, avait accès chez M. de Saint-Mars, a voulu faire entendre que, malgré cet accès, il n'avait pas été plus privilégié que les autres, et qu'il avait été obligé d'user de stratagème pour voir le masque de fer à l'île Ste-Marguerite. Oui, sans doute, Blainvilliers avait accès chez M. de Saint-Mars : il est même prouvé qu'il avait toute sa confiance; mais cette confiance n'avait pas passé au successeur de Saint-Mars, et c'est sous ce successeur que le prisonnier inconnu fut déposé à l'île Ste-Marguerite. M. de Palteau ne prit dans le récit de Blainvilliers que ce qui lui convenait. L'époque que lui donna cet officier, plus rapprochée de notre temps, ne s'accordait point avec les époques qu'il avait vues dans les écrits qui avaient paru sur ce sujet, puisqu'elle était postérieure de plusieurs années aux années 1698 et 1703. Il n'en fit aucune mention dans sa lettre à M. Fréron en 1768. M. de Palteau en usa avec Blainvilliers comme Voltaire en avait usé avec le commissaire Riousse, et Saint-Foix avec Nélaton. Ils ne parlèrent, ni les uns ni les autres, des époques qu'on leur avait données, parce qu'elles étaient opposées à leurs préjugés. Tant il est vrai, comme l'a dit Fontenelle, que, du moment que l'erreur est en possession des esprits, c'est une merveille si elle ne s'y maintient toujours.

Blainvilliers était fils naturel d'un Formanoir, de la même famille que M. de Palteau. Ce fut à ce titre qu'il obtint la lieutenance d'une compagnie franche, qui appartenait à Saint-Mars, et qui suivit ce gouverneur à Pignerol, à Exilles et à Ste-Marguerite. Blainvilliers vieillit lieutenant dans cette même compagnie qui demeura attachée à l'île Ste-Marguerite pour la garde des prisonniers, après le départ de Saint-Mars pour la Bastille. Il prit alors le nom de Formanoir qu'il ne lui avait pas été permis de porter sous les yeux de Saint-Mars ; et c'est sous ce nom que Lagrange-Chancel le connut à l'île Ste-Marguerite vers l'année 1718. C'est entre les mains de ce lieutenant qu'il écrit avoir vu une de ces pincettes d'acier très-luisantes et très-polies, avec lesquelles il était permis au prisonnier inconnu de s'amuser à s'arracher le poil de la barbe. C'est encore sur ces mêmes pincettes d'acier que le père Griffet s'est diverti à plaisanter, du ton le plus sérieux, dans son examen. Mais comment ce Blainvilliers, qui n'était jamais sorti de l'île Ste-Marguerite, pouvait-il avoir dit à M. de Palteau que l'on avait enterré secrètement le masque de fer à St-Paul et qu'on avait mis des drogues dans le cercueil pour consumer le corps ? C'est que M. de Palteau mêla et confondit ensemble le récit de Blainvilliers, les bruits populaires, et ce qu'en avait écrit Voltaire dans sa première édition du siècle de Louis XIV. Il est si vrai que M. de Palteau n'avait fait, en quelque sorte, que copier Voltaire, qu'il avait pris dans son récit les années 1699 et 1704, qui ne se trouvaient que dans la première édition du siècle de Louis XIV, au lieu des années 1698 et 1703 du journal de Dujonca. C'est cependant d'après cette lettre de M. de Palteau et d'après toutes les absurdités qu'elle contient que le père Griffet ose nous dire, non pas qu'elle est dictée, mais qu'elle paraît dictée par la vérité même [1].

DU JOURNAL DE DUJONCA, LIEUTENANT DE ROI A LA BASTILLE.

Dans tous les ouvrages, qui, depuis 1770, ont paru sur le masque de fer, c'est-à-dire depuis l'examen du père Griffet, les auteurs de ces ouvrages, quel qu'ait été leur système, se sont tous appuyés sur le journal de Dujonca, qui ne fut connu pour la première fois du public, que par cet examen. Ce journal fut pour eux un dogme de foi, auquel ils ramenèrent toujours leur pensée, et d'après lequel ils se crurent obligés de rejeter tous les faits et tous les raisonnements qui se trouvaient en contradiction avec lui. Nous y fûmes long-temps trompés nous-mêmes, ainsi qu'on l'a vu dans la première partie de ce mémoire; cependant, malgré ce journal, nous avons

---

[1] Enfin M. de Saint-Mars était depuis plusieurs années gouverneur de la Bastille lorsque le prisonnier inconnu fut déposé à Sainte-Marguerite.

toujours soutenu que le prisonnier inconnu n'avait jamais été à Pignerol, et depuis nous l'avons prouvé. Quant au journal, lorsque nous fûmes un peu plus instruits, nous nous bornâmes à assurer que les articles concernant le patriarche auraient été infailliblement raturés ou effacés, si cependant le journal lui-même n'était pas en tout une supposition. Nous n'avions guère que des raisons à donner sur cette supposition, et quelque fortes qu'elles fussent ce n'était enfin que des raisons. Le temps, qui dévoile tout, nous a enfin donné une preuve matérielle, telle que nous pouvions la désirer.

En 1800, me trouvant à Paris, j'allai à la bibliothèque de l'arsenal, et je demandai à voir le journal de Dujonca. Un bénédictin, employé alors à cette bibliothèque, et qui avait été auparavant bibliothécaire de celle de l'abbaye St-Germain me demanda si je connaissais l'écriture de M. Dujonca; sur ma réponse, il ajouta *que beaucoup de gens pensaient que ce journal avait été fabriqué à dessein, et qu'il n'était pas de M. Dujonca...* Je vais rendre compte de mes observations.

Le journal consiste en deux volumes assez peu considérables, ou, pour mieux dire, en deux cahiers, puisqu'ils ne sont pas reliés : l'un contient l'entrée, l'autre la sortie des prisonniers de la Bastille.

Le 1ᵉʳ cahier est sous le titre suivant :

« L'état des prisonniers qui sont envoyés par
« l'ordre du Roi à la Bastille, à commencer du
« *mécrédi hensieme* du mois d'octobre, que je
« suis entré en possession de la charge de lieu-
« tenant de Roi, en l'année 1690. »

Les pages ne sont numérotées qu'au recto de chaque feuillet : au verso du feuillet 37, se trouve l'entrée du masque de fer, telle que nous allons la transcrire, après l'avoir copiée sur l'original :

« Du jeudi 18ᵉ de septembre, à trois heures
« après midi, M. de Saint-Mars, gouverneur du
« château de la Bastille, est arrivé, pour sa pre-
« mière entrée, venant de son gouvernement
« des îles Sainte-Marguerite Honorat, ayant
« amené avec lui dans sa litière un ancien pri-
« sonnier qu'il avait à Pignerol, lequel il fait te-
« nir toujours masqué, dont le nom ne se dit pas;
« et l'ayant fait mettre, en descendant de la li-
« tière, dans la première chambre de la tour de
« la Basinière, en attendant la nuit, pour le
« mettre et mener moi-même, à 9 heures du
« soir, avec M. de Rosarges, un des sergents que
« Monsieur le gouverneur a menés, dans la
« troisième chambre, seul, de la tour de la Bre-
« taudière, que j'avais fait meubler de toutes
« choses, quelques jours avant son arrivée, en

« ayant reçu l'ordre de M. de Saint-Mars, lequel
« prisonnier sera servi et *sounié* par M. de Ro-
« sarges, que M. le gouverneur *norira*. »

Preuve sans réplique de la fausseté du journal de Dujonca

Le recto du feuillet 38, qui se trouve à côté du verso dont nous venons de parler, commence par l'indication de l'année 1699, et contient l'article suivant : il est absolument étranger au masque de fer; mais on va voir que ce n'est pas sans raison qu'on le rapporte.

« Du jeudi, 1ᵉʳ jour du mois de janvier de
« l'année 1699. »

« Du dimanche, après midi, 4ᵐᵉ du mois de
« janvier, M. Monie, aide-major de la marine,
« et commandant pour le Roi dans l'île de Terre-
« Neuve et du fort Louis-de-Plaisance, est venu
« de lui-même se rendre prisonnier, ayant apporté
« son ordre du Roi, expédié par M. de Pont-
« chartrain et M. le *conte* de *Morpas*. »

Le second cahier commence par le titre suivant :

« Etat des prisonniers qui sortent de la Bas-
« tille, à commencer du honzième du mois d'oc-
« tobre, que je suis entré en possession en
« l'année 1690. »

« Jusqu'au 25 juillet 1705, par M. Dujonca
« lieutenant de Roi. »

Ces deux dernières lignes sont d'une autre écriture.

Au verso du 80me feuillet de ce second cahier, se trouve l'article de la mort et de l'enterrement du prisonnier masqué. Le voici tel qu'il est avec sa note marginale : on s'est attaché à le copier exactement :

« Du même jour, lundi 19me de novembre
« 1703, le prisonnier inconnu, toujours masqué
« d'un masque de velours noir, que M. de Saint-
« Mars gouverneur avait mené avec lui, en venant
« des îles Sainte-Marguerite, qu'il gardait depuis
» long-temps, lequel s'étant trouvé hier un peu
« malade, en sortant de la messe, il est mort se-
« jourd'hui, sur les 10 heures du soir, sans
« avoir eu une grande maladie, il ne se peut pas
« moins. M. Giraut, notre homonier, le confessa
« hier; surpris de sa mort, il n'a point reçu ses
« sacrements, et notre homonier l'a exhorté un
« moment avant que de mourir, et le prisonnier
« inconnu, gardé depuis si long-temps, a été
« enterré le mardi, à 4 heures de l'après-midi,
« 20me novembre, dans le semetière Saint-Paul,
« notre paroisse, sur le registre mortuel. On a
« donné un nom aussi inconnu (1) que M. de

---

[1] Je apris du depuis con l'avait nome sur le registre M. de Marchiel et on a paié 40 fr. d'anteremant.

« Rosarges major et M. Reil sieurgien qui hont
« signé sur le registre. »

Qui ne verra pas une véritable caricature dans les deux articles qui concernent le masque de fer, et surtout dans le second? Le fabricateur du journal, sachant que M. Dujonca écrivait mal et n'orthographiait pas mieux, y charge le tableau à toute outrance, pour mieux persuader que le journal est réellement de lui. M. Dujonca, homme de condition, avait été bien élevé, et avait fréquenté constamment la bonne compagnie. Si une bonne éducation n'empêche pas quelquefois qu'on ait une très-mauvaise orthographe, elle garantit du moins, pour l'ordinaire, d'une diction telle que celle qui se fait remarquer dans le journal qu'on a mis sous son nom. Mais nous ne nous arrêterons pas à la diction du prétendu M. Dujonca. Nous observerons seulement que, quand il affecte de dire dans le second article.... *le prisonnier inconnu que M. de Saint-Mars gardait depuis si long-temps*, l'intention du faussaire n'est que d'imprimer fortement dans l'esprit de ses lecteurs, conformément à ce qui est établi dans le premier article, ainsi que dans l'examen du père Griffet, que le prisonnier avait été long-temps à Pignerol avant d'avoir été conduit à Sainte-Marguerite et à la Bastille. On observera encore que si, dans le même article, il nomme deux fois avec la même affectation l'aumônier Giraut, qui confessa le prisonnier, et qui ensuite l'exhorta un moment avant que de mourir, c'est par la crainte de faire penser aux jésuites, en nommant le père Riquelet, jésuite, alors confesseur de la Bastille. Nous ne dirons rien de la tour de la *Bretaudière*, que M. Dujonca aurait dû avoir appris, pendant huit ans, s'appeler la Bertaudière, ni du mot *norira*, au lieu de nourrira; de *sounié*, au lieu de soigné; de *Reil, sieurgien*, au lieu de Reilhe, chirurgien; d'*homonier*, au lieu d'aumônier; d'*anteremant*, au lieu d'enterrement; de *mortuel*, au lieu de mortuaire, ni même de *conte de Morpas*, quoique le lieutenant de roi, en écrivant ce nom, soit censé avoir eu sous les yeux l'ordre du roi, signé par le comte de Maurepas. La note qu'on lit à la marge de ce même article 2 est surtout digne de remarque, puisque le lieutenant de roi affecte de faire entendre qu'il ignorait des faits qui étaient connus des derniers valets de la Bastille : il savait à la vérité, le lundi 19 novembre, que l'inconnu avait été enterré à Saint-Paul, le mardi 20, ce qui n'est pas tout-à-fait dans l'ordre des choses; mais il ignorait encore sous quel nom. Ce ne fut que *du depuis*, selon son expression, qu'il apprit qu'on l'avait *nome* M. de *Marchiel*, etc., et qu'on avait payé 40 fr. d'*anteremant*. Tant de réflexions sont bien fastidieuses, je le sens; mais elles m'ont paru nécessaires, pour mieux préparer à la preuve matérielle que j'ai promise. La voici :

Conte de Morpas.

Quand un officier, soit de terre, soit de mer, était mis à la Bastille, un usage, fondé sur les égards que les ministres avaient les uns pour les autres, voulait que la lettre de cachet fût signée par le ministre de qui cet officier dépendait, comme par celui qui avait la Bastille dans son département. On voit, dans l'article que nous venons de transcrire, que M. Monie, aide-major de la marine, fut envoyé à la Bastille en 1699, et que l'ordre avait été expédié par M. de Pontchartrain et par M. le comte de Maurepas conjointement. M. de Maurepas, par une faveur sans exemple, eut le ministère de la marine, presqu'au sortir de l'enfance, et il est à présumer qu'il l'occupait encore dans le temps où l'on fabriquait le journal de Dujonca [1]. Notre faussaire, qui se montre très-instruit, connaissait parfaitement les usages de la Bastille, et il sentit qu'il lui fallait un ministre de la marine pour signer la lettre de cachet de M. Monie, officier de marine. Il ne songea, malheureusement pour lui, qu'à M. de Maurepas, qu'il savait avoir

[1] Ce journal peut avoir été fabriqué dans le même temps que les mémoires de Perse furent donnés au public, en 1745.

eu très-jeune ce département : il supputa mal les temps, ou il ne songea pas à les supputer; car il fit signer la lettre de cachet par ce ministre, non-seulement avant qu'il fût ministre, mais même avant qu'il fût né, puisque M. de Maurepas ne vint au monde qu'en 1700, et que la lettre de cachet, signée le comte de Maurepas, est de 1699. C'est ainsi qu'un fourbe, avec quelqu'adresse qu'il ourdisse une imposture, laisse presque toujours échapper quelque trait qui sert à la dévoiler.

Après une pareille preuve, se trouvera-t-il quelqu'un dans le monde qui puisse révoquer en doute la supposition du journal de Dujonca? Le père Griffet, dans son examen, fonde toutes ses assertions et tous ses raisonnements sur ce journal, dont la fausseté lui était bien certainement connue; et peut-être avait-il coopéré lui-même à sa fabrication. Nous avons déjà fait voir, avec la plus grande évidence, dans quel esprit il avait composé ce prétendu examen; et vu la méthode qu'il a suivie bien fidèlement, il est aisé de sentir que tout ce qu'il assure être faux doit être vrai, et que tout ce qu'il assure être vrai doit être faux. Une chose encore à remarquer, c'est qu'il a inséré ce chef-d'œuvre de fausseté dans un très-bon ouvrage, où il ne devait avoir pour but que la vérité. Il n'inventa le séjour du prisonnier à Pignerol, la date de son entrée à la Bastille en 1698, et celle de sa mort en 1703, que parce que ce séjour et ces dates devaient naturellement rendre la découverte de ce mystère impossible. Sa colère contre le père Tournemine, sans cause apparente, et à propos de rien; cette colère, dont la violence présente un problème moral dont nous avons donné la solution, n'eut pour principe qu'un intérêt de corps, qui, pour des religieux, et sur-tout pour un jésuite, était le plus grand des intérêts. Sa passion le porte à faire un crime au père Tournemine d'un propos très-indifférent en lui-même, mais qui, contre son vœu et contre son plan, venait à l'improviste montrer les jésuites sur la scène. Qu'on me permette encore ici une observation, dont il serait facile de tirer quelque connaissance.

Le deuxième volume du journal de Dujonca porte, dans son titre, que ce journal ne va que jusqu'à l'année 1705, c'est-à-dire jusqu'au temps à peu près où le patriarche fut réellement enfermé à la Bastille. C'est encore depuis cette année 1705 jusqu'en 1730, qu'à été mutilé et déchiré le grand livre ou le grand registre de la Bastille. C'est enfin cette même année 1705, qu'un témoin oculaire atteste avoir vu le prisonnier inconnu à la Bastille. Si cette rencontre de l'année 1705, qu'on trouve trois fois, dans trois occasions, qui toutes se rapportent au masque de fer, était de pur hasard et ne signifiait rien, il faudrait du moins convenir qu'elle serait fort singulière. Mais le dernier témoignage dont nous venons de parler, nous ramène à une preuve, dont tout ce qui précède confirme la vérité, et qui elle-même confirme tout ce qui précède. Nous l'avons déjà touchée plusieurs fois ; mais nous n'avons fait, pour ainsi dire, que l'indiquer. Elle exige d'être traitée d'une manière plus claire et plus décisive, afin de ne laisser ni doute, ni incertitude à cet égard. C'est par elle que nous terminerons cet ouvrage.

DE CONSTANTIN DE RENNEVILLE ET PREUVE TIRÉE DE SON HISTOIRE, EN FAVEUR DE NOTRE DÉCOUVERTE.

Constantin de Renneville fut mis à la Bastille le 16 du mois de mai 1702. Sorti de sa prison en 1713, après la paix d'Utrecht, et banni de France à perpétuité, il passa en Hollande et en Angleterre. Pour se venger de sa longue détention, il se mit d'abord à travailler à l'histoire de la Bastille, sous le titre de *l'Inquisition française*[1]. Le 1er volume, le seul supportable de tous ceux qu'il a donnés, parut en 1716, imprimé à

---

[1] Cet ouvrage, devenu très-rare, s'est vendu très-cher, quoique très-mauvais, puisque le prix en a été porté jusqu'à dix louis.

Amsterdam. M. de Saint-Foix parle de cet ouvrage avec le plus grand mépris, et ce n'est pas sans quelque raison : « L'auteur, dit-il, y a en-
« tassé le vrai et le faux avec l'impudence la
« plus outrée, et dans le style le plus grossier. »
Mais, quoique l'auteur mérite, à beaucoup d'égards, la manière dont le traite M. de Saint-Foix, il est des faits, sur lesquels il nous semble qu'il est juste de le croire, comme s'il disait toujours la vérité. Il prévient lui-même le public « qu'il
« rapporte les faits qu'il a vus, comme les ayant
« vus, et que c'est de ceux-là seuls qu'il est ga-
« rant : mais qu'il n'est pas responsable de ceux
« dont on lui a fait le rapport. » « Encore une
« fois, ajoute-t-il, quand j'ai dit j'ai vu, l'on me
« peut croire, puisque j'aimerais mieux mourir
« que d'écrire une fausseté... Et si parmi les faits
« que je rapporte, comme les ayant vus, il s'en
« trouve un seul faux, je consens de passer pour
« calomniateur, et comme tel, d'être banni à ja-
« mais de la société de tout le genre humain. »
C'est à chacun de voir, si c'est d'après cette déclaration que Renneville doit être jugé.

Il raconte, dans la préface de son histoire, « qu'en 1705 il vit à la Bastille un prisonnier,
« dont il ne put jamais parvenir à savoir le nom.
« Qu'un jour ayant été introduit, par hasard et
« par méprise, dans une salle où ce prisonnier

« se trouvait avec les officiers de la Bastille, ils
« lui firent promptement tourner le dos, ce qui
« l'empêcha de le voir au visage. Que cet homme
« était de moyenne taille, portant ses cheveux
« d'un crêpé noir et fort épais, dont pas un n'é-
« tait encore mêlé [1]. »

Renneville ajoute ensuite « que ce prisonnier
« dont Reilhe, le chirurgien-major, et Ru, le
« porte-clefs, lui avaient conté quelque tems après
« toute l'histoire, avait été d'abord enfermé à l'île
« Sainte-Marguerite, d'où M. de Saint-Mars l'a-
« vait amené à la Bastille avec des précautions
« extraordinaires, pour que personne ne le vît
« dans la route : et (ce qui est surtout à remar-
« quer) que le roi l'avait condamné à une prison
« perpétuelle à la sollicitation des jésuites. »

Nous laissons de côté diverses particularités
puériles et ridicules, dont ces deux habitants de
la Bastille avaient accompagné leur récit. Nous
ne nous arrêterons pas davantage aux conjectures non moins absurdes que fait Renneville à
cette occasion. Le fait essentiel est qu'il vit, par
hasard, à la Bastille, en 1705, le prisonnier

---

[1] Les cheveux du prisonnier inconnu étaient tout à fait noirs : donc le P. Griffet, d'après sa méthode, devait dire qu'ils étaient blancs. Aussi ne manque-t-il pas de dire, assez plaisamment, que le prisonnier avait les cheveux blancs à l'île Sainte-Marguerite, et qu'il les avait encore blancs, lorsqu'il fut conduit de Sainte-Marguerite à la Bastille.

inconnu, et que ce prisonnier, d'abord enfermé à l'île Sainte-Marguerite, avait été conduit par M. de Saint-Mars à la Bastille, et qu'il avait été condamné à une prison perpétuelle, à la sollicitation des jésuites. Si Reilhe et Ru lui dirent, quelque tems après, que ce prisonnier avait été mis en liberté, c'est qu'ils étaient assurés qu'à l'avenir on prendrait d'assez bonnes précautions pour que l'accident qui l'avait exposé à être vu n'arrivât pas davantage.

D'après la tradition, qui est certainement fausse à quelques égards, il est généralement reçu et établi dans le public, comme une vérité incontestable, que le masque de fer avait été d'abord enfermé à l'île Sainte-Marguerite, que de là on l'avait transféré à la Bastille, et qu'il y avait été conduit par M. de Saint-Mars. D'un autre côté, on est assuré que le patriarche fut d'abord déposé et enfermé à l'île Sainte-Marguerite, que delà il fut transféré à la Bastille, et qu'ayant été enlevé par les jésuites, il fut condamné, par leur crédit, à y passer le reste de ses jours.

On demandera donc si l'homme vu par Renneville, et dont il n'a jamais pu savoir le nom, cet homme, qui avait été enfermé d'abord à Sainte-Marguerite, transféré ensuite à la Bastille et qui passait pour y avoir été conduit par M. de

Saint-Mars; qui d'ailleurs avait été condamné à une prison perpétuelle, à la sollicitation des jésuites, ne peut être autre que le patriarche, que le prisonnier inconnu, que le masque de fer.

Mais il faut prévenir une objection qu'on ne manquera pas de faire. Le prisonnier inconnu, dira-t-on, fut vu à la Bastille en 1705, et il est prouvé par les dépêches de M. de Fériol, qu'il ne fut enlevé qu'en 1706. Je répondrai à cela deux choses. 1°. Que Renneville, à qui les ennuis et les anxiétés de la plus triste captivité durent faire paraître extrêmement long le temps qui s'était écoulé depuis 1702 jusqu'à 1713, époque de sa liberté, n'ayant parlé du prisonnier en 1716 que de mémoire, par réminiscence et même dans sa préface, il est très-possible qu'il se soit trompé sur le temps précis où il l'avait vu; et si l'on réfléchit à la nature du cœur humain, on ne devrait pas être étonné s'il eût commis une erreur bien plus forte encore, qu'en mettant 1705 au lieu de 1706.

2°. Que le marquis de Bonnac, avec toute la correspondance de M. de Fériol sous les yeux, n'ayant jamais pu savoir au vrai si cet ambassadeur avait eu connaissance de l'enlèvement, et paraissant persuadé, au contraire, qu'il n'en avait été instruit qu'après que l'entreprise eût entièrement réussi, il serait très-possible que M. de

Fériol n'en eût écrit à la cour qu'en 1706 quoique le patriarche eût été enlevé en 1705. D'ailleurs l'identité des deux personnages du patriarche et du masque de fer étant assez démontrée, qu'importe d'où vienne l'erreur? Tout est possible et rien ne doit surprendre, en songeant à tous les artifices dont les jésuites étaient capables de faire usage dans une affaire qui pouvait décider de leur salut ou de leur destruction dans toute l'étendue des états du grand seigneur.

Paroles tirées de Buffon. Que pourrais-je répondre à ceux qui douteraient encore? Sinon que tout parle à des yeux attentifs; que tout est indice pour ceux qui savent voir : mais que rien n'est sensible; que rien n'est clair pour le vulgaire, et même pour le vulgaire prétendu philosophe qu'aveugle le préjugé. J'ai tâché de rendre la vérité de plus en plus palpable; j'ai augmenté le nombre des probabilités; j'ai rendu la vraisemblance plus grande : j'ai ajouté lumières sur lumières, en réunissant les faits, en accumulant les preuves. Après cela, je me laisse juger sans inquiétude et sans appel.

Mais à quoi servirait la découverte d'une vérité, qu'on a crue de la plus grande importance, et qui dans le fond est très-indifférente, si je n'en tirais pas quelque moralité qui puisse être utile aux rois et à tous les hommes? Les réflexions du père

Griffet m'en fourniront une; mais ce sera en prenant le contre-pied de sa conduite.

PREMIÈRE MORALITÉ.

Il fallait que ce jésuite, toujours fidèle au plan qu'il s'était fait de dire en tout le contraire de ce qui était et de ce qu'il pensait, finît comme il avait commencé. Après nous avoir répété que monsieur d'Argenson avait assuré « qu'on ne sau-« rait jamais cela, » il s'écrie en disant avec sa perfidie ordinaire : « tant il est vrai que les se-« crets des souverains [1] ne sont pas faciles à dé-« couvrir quand ils savent et qu'ils veulent user « de tout leur pouvoir pour les ensevelir dans un « éternel oubli. »

Jamais il ne se fût permis cette réflexion tournée en forme de sentence, si elle n'eût été une conséquence de la fausseté de sa dissertation, réflexion fausse et détestable, j'ose le dire, puisqu'elle tend à encourager au crime les méchants rois en les délivrant, par l'assurance du secret, de l'unique frein qui peut les contenir. Combien plus vraie, plus juste, plus morale est la maxime contraire, surtout appuyée de notre découverte!

---

[1] Ce secret appartenait aux seuls jésuites; ils avaient commis leur attentat à l'insçu du roi, qui dans tout cela n'eut à se reprocher que de ne l'avoir point puni.

Tremblez, crie-t-elle à tous les rois, tremblez d'être injustes, tremblez d'être méchants en voyant que vos actions les plus secrètes, lors même que vous avez usé de tout votre pouvoir pour les ensevelir dans un éternel oubli, ne laissent pas de parvenir à la postérité qui s'empresse de flétrir votre mémoire pour venger les malheureuses victimes de vos injustices.

DEUXIÈME MORALITÉ.

De notre découverte découle naturellement une seconde moralité. Elle nous fait voir, d'après les faux raisonnements de plusieurs hommes, d'ailleurs très-estimables, sur ce problème historique, qu'il n'y a que sottise et extravagance à attendre de la part même des gens les plus sages, lorsque, dans la recherche des causes, ils sont réduits pour tout appui à leur raison et à leurs conjectures.

EXTRAIT DE QUELQUES LETTRES MINISTÉRIELLES CONCERNANT LE PATRIARCHE AWEDIKS.

Lettre de M. de Fériol, ambassadeur de France à Constantinople, du 6 mai 1706, au roi.

« Awediks, ce patriarche hérétique qui nous « avait fait tant de mal, est enfin tombé entre mes « mains. On doit le porter à Marseille. Je supplie « humblement votre majesté d'ordonner qu'il « soit emprisonné jusqu'à ce que j'aie rendu

« compte à votre majesté de toutes ses perfidies
« et de tous ses crimes. »

« Awediks, le tyran des latins, celui qui trafi- *Autre lettre au roi, du 1er juin 1706.*
« quait notre religion avec les Turcs, et qui prê-
« chait dans ses églises qu'il valait mieux se faire
« turc que romain, ce patriarche arménien qui
« était abandonné à toute sorte de crimes et d'a-
« bominations, après avoir été déposé et envoyé
« en exil, est enfin tombé entre mes mains. Je
« l'ai fait passer en France pour y recevoir la pu-
« nition de ses fautes. Je donnai mes ordres pour
« ce sujet au sieur Bonnac, vice-consul à Chio,
« qui les exécuta avec toute la diligence et l'habi-
« leté possibles. Il fallut corrompre le *chiaoux*,
« qui était chargé de la conduite d'Awediks, et
« faire plusieurs autres intrigues qui ont réussi,
« et Awediks sera bientôt à Marseille, si le capi-
« taine qui le porte n'est pas pris par les corsaires.
« Il est important qu'il soit resserré de si près
« qu'il ne puisse pas écrire en Turquie; car les
« Turcs, *qui me l'ont déjà demandé*, ne manque- *Les Turcs le lui avaient déjà demandé le 1er juin. Il fallait donc qu'il y eut déjà long-temps qu'il avait été enlevé.*
« raient pas de m'en faire une affaire. J'ai cru ne
« pouvoir faire une œuvre plus agréable à Dieu,
« ni rendre un plus grand service à la religion
« dont il était le persécuteur, qu'en l'éloignant
« de ce pays. Ses impiétés méritent une bonne pé-
« nitence. Je l'ai adressé à M. de Montmor. »

Lettre de M. de Fériol à M. de Torcy, du 1ᵉʳ septembre 1706.

« L'affaire d'Awediks m'a donné beaucoup de
« peine. Le grand seigneur voulait me rendre res-
« ponsable de sa personne. J'ai écrit plus de vingt
« lettres au grand-visir à ce sujet. Je suis enfin
« convenu avec lui que je supplierais sa majesté
« d'écrire au roi d'Espagne de le faire sortir de
« sa prison de Messine et de lui permettre de
« retourner à Constantinople. J'ignore si Awediks
« est encore à Messine, s'il a été mis dans les pri-
« sons du Saint-Office, ou porté en France. Il est
« très-important pour le repos et le salut des ca-
« tholiques Arméniens qu'il ne paraisse jamais
« dans cet empire avec tous les crimes dont il
« est chargé et qui font horreur. Il a été le per-
« sécuteur constant et inexorable de la catholi-
« cité, et il a dit plusieurs fois qu'il portait sa
« corde dans son sein, et qu'il ne craignait pas
« la mort, s'il pouvait perdre auparavant tous
« les catholiques. »

Autre à M. de Torcy, du 16 septembre 1706.

« Le grand-visir m'a dit qu'il comptait sur la
« parole que je lui ai donnée que je supplierais
« sa majesté de demander Awediks au roi d'Es-
« pagne et de le renvoyer à Constantinople. J'ai
« répondu que j'écrirais par le premier vaisseau,
« et que je ne doutais pas que le dit Awediks ne
« fût envoyé, si dans l'intervalle le roi d'Espagne

AU MASQUE DE FER.

« était encore maître des royaumes de Naples et
« de Sicile. Il me dit en riant qu'il n'en fallait pas
« douter et que je ne devais pas me servir de cette
« défaite pour le retour d'Awediks, que le grand
« seigneur désirait.....; mais il est très-important
« qu'Awediks ne revienne plus à Constantinople,
« pour le repos de la religion. »

« Il vous est impossible, comme vous le savez *Lettre de M. de Torcy à M. de Fériol, du 15 février 1707.*
« d'ailleurs, de satisfaire aux demandes du grand
« visir au sujet d'Awediks. Il n'est plus en état
« qu'on puisse l'envoyer vivant à Constantinople,
« ainsi c'est une affaire finie. »

« J'ai reçu votre lettre du 18 de ce mois avec *Lettre de M. de Pontchartrain à M. de Torcy, du 31 août 1708.*
« l'extrait de celle de M. le cardinal de la Tré-
mouille, sur les instances qui lui ont été faites
par les congrégations du Saint-Office et de la
Propagande, et en ai rendu compte au roi........
Sa majesté m'a commandé de vous expliquer
« qu'il était difficile de le garder avec plus de
« soin. Il n'est vu que par celui qui lui sert à
« manger; ils ne s'entendent que par *signes*, et on
« le met dans un endroit séparé lorsqu'il entend
« la messe les fêtes et dimanches; mais je crois
« que vous jugerez à propos, en répondant à M. le
« cardinal de la Trémouille, de lui marquer qu'il

« ne doit pas dire qu'il soit en France. Quoiqu'on
« le présume à Constantinople, l'on n'en est pas
« certain. Si on l'était, l'ambassadeur du roi pour
« lequel le grand visir n'a pas conservé beaucoup
« d'égards pourrait en souffrir...... Il est venu des
« Arméniens à *Malte*, à Messine et même à Mar-
« seille, qui n'ont pu en avoir des nouvelles, et
« actuellement on m'écrit que son valet[1] est parti
« de Ligourne pour le chercher, et qu'il doit
« passer à Marseille. Le roi a donné ordre à M. de
« Montmor de le faire arrêter aussitôt son arrivée,
« et mettre dans un cachot où il ne puisse être
« vu ni communiquer avec personne. »

On reprocha à M. de Fériol les embarras dans
lesquels il avait jeté le gouvernement par l'enlèvement d'Awediks; la lettre suivante contient
pour toute excuse une longue énumération des
crimes et des vices de cet infortuné. « Awediks,

<small>Lettre de M. de Fériol à M. de Torcy, du 6 janvier 1709.</small>

« dit-il, était reconnu pour magicien, pour sodo-
« mite, etc., etc. Il avait fait donner au grand sei-
« gneur des kattcherifs contre nos missions; d'ail-
« leurs c'était un homme ne tenant à rien, sorti de
« la lie du peuple, comme tous ceux qui parvien-
« nent à ces sortes de places, et si méprisé par les
« Turcs eux-mêmes qu'il n'est pas un des derniers
« valets de l'ambassade qui n'eût dédaigné de se

---

[1] Les patriarches n'ont presque que des évêques pour valets.

« comparer avec lui. Je n'aurais donc jamais cru
« qu'on eût pu donner tant d'importance à cette
« affaire. »

« Le grand visir dit, il y a dix jours, à l'in- Lettre de M. Desaleurs, ambassadeur de France à Constantinople, à M. de Torcy, 16 juin 1710.
« terprète, sans répondre à la demande que fai-
« sait M. de Fériol d'une audience, que M. de Fé-
« riol eût à faire revenir le nommé Awediks,
« arménien; qu'il avait appris qu'il était dans sa
« maison, et qu'il le voulait absolument. Le visir N. M. de Fériol était au moment de retourner en France.
« m'en fit aussi parler : je répondis que je n'avais
« aucune connaissance de cette affaire. La Porte
« ne peut, à ce qu'il me paraît, oublier cet en-
« lèvement. »

« On a voulu réveiller cette affaire et envoyer Lettre de M. Desaleurs à M. de Torcy, du 1er août 1713.
« en France pour le redemander. J'ai entièrement
« assoupi ce dessein par le moyen du patriarche
« arménien avec lequel je me suis joint contre
« l'ancien patriarche, qui veut toujours remuer
« cette affaire, quoiqu'il soit exilé sur la mer
« Noire. J'espère qu'on n'entendra plus parler de
« lui ni d'Awediks. »

CORRESPONDANCE
DE VOLTAIRE
AVEC M. DE TAULÈS.

Nota. Ces lettres, toutes inédites, sont la propriété de M. Dupont, libraire, et font partie du tome 70 de l'édition des œuvres complètes de Voltaire publiées par le même libraire.

CORRESPONDANCE

DE VOLTAIRE

AVEC M. DE TAULÈS.

LETTRE I.

M. LE CHEVALIER DE TAULÈS,
SOUS LE NOM DE BAREAU,

A M. DE VOLTAIRE.

Versailles, le   1752.

Permettez, Monsieur, que j'aie l'honneur de vous écrire, quoique je vous sois tout-à-fait inconnu. Vous ne trouverez pas dans ma lettre ces éloges que vous prodiguent perpétuellement mille gens peu dignes de vous louer; mais au lieu de ces vains compliments qui peuvent tout au plus honorer ceux qui les font, j'ose vous présenter des observations sur quelques endroits de votre siècle de Louis XIV.

Le dix-huitième chapitre commence par quelques particularités sur la manière dont le prince Eugène abandonna la France. Son historien et le marquis de Lafare dans ses mémoires, rapportent à peu près les mêmes circonstances; mais le marquis de Lafare surtout entre dans des détails qu'il paraît que vous avez suivis et après lesquels vous n'avez pas cru qu'il fût possible de se tromper; j'oserai cependant vous assurer, Monsieur, que son récit est un tissu d'erreurs, qui ne sauraient assez étonner dans un contemporain et qui inspirent peut-être trop de défiance contre les historiens.

Le marquis de Lafare, qui du *même fait* en *compose deux*, confond les temps et les événemens. Il n'est pas vrai, comme il le dit, que les princes de Conti eussent déjà fait une campagne glorieuse en Hongrie lorsqu'ils partirent pour aller servir l'empereur contre les Turcs en 1684. D'abord ils ne partirent pas en 1684, mais en 1686. Ils firent cette même campagne qu'il écrit qu'ils ne firent pas, et ne firent précisément que celle-là; il est aisé de démontrer qu'ils n'avaient point fait de campagne auparavant et qu'ils n'en purent point faire d'autres, puisque le prince de Conti, qui fut de retour en France dans le mois de septembre de cette même année, mourut à Fontainebleau le 9 novembre. La vérité est que les princes, à qui le roi avait permis d'aller faire la guerre en Pologne, ayant lieu de craindre que sa majesté ne révoquât cette permission, se hâtèrent de partir sans prendre congé.

Le grand Condé tâcha de les faire revenir par divers courriers qu'il leur envoya; tous ses efforts furent inutiles. Le roi irrité de leur départ précipité le fut encore davantage lorsqu'il apprit qu'ils avaient changé leur premier projet, et qu'au lieu d'aller en Pologne, comme il le leur avait permis, ils avaient pris la route de Hongrie pour servir dans les troupes de l'empereur. Mais s'il est vrai que S. M. leur fit ordonner de revenir, il est aussi certain qu'ils ne revinrent pas; on s'est donc trompé lorsqu'on a écrit que l'abbé de Sarne fut le seul qui n'obéit point; il lui aurait été d'autant plus impossible d'obéir qu'il n'était pas parti avec les princes de Conti. Il y avait alors près de deux ans qu'il avait renoncé à la France et qu'il était attaché au service de l'empereur. Ayant appris à Vienne le voyage des princes, il fut au devant d'eux jusqu'à Munich et ne contribua pas peu à leur faire préférer la Hongrie à la Pologne : s'il est donc possible que le roi en parlant du prince Eugène ait dit à ses courtisans : *Ne trouvez-vous pas que j'ai fait là une grande perte ?* il est évident que ce ne fut pas dans cette occasion. Il n'est pas même vraisemblable que Louis XIV, si retenu dans toutes ses actions, l'ait jamais dit; il était alors très mécontent de toute la maison de Soissons, et ceux qui connaissent son caractère savent qu'il ne prononçait jamais le nom de ceux dont il était mécontent; la comtesse de Soissons, mère du prince Eugène, avait été exilée en 1665 pour des tracasseries de cour que S. M. ne lui pardonna jamais. Embarrassée en 1680 dans l'affaire de *la Voisin*, cette fameuse empoisonneuse, elle se réfugia à Bruxelles. Il y avait déjà quelque temps que le comte de Soissons était mort; comme il ne se soutenait qu'avec les charges qu'il tenait de la générosité du roi, la fortune de sa maison s'évanouit avec lui. Plusieurs enfants qu'il avait laissés se trouvèrent par la fuite de la mère comme isolés en France, sans état, sans biens, mal à la cour, et n'ayant pour eux que leur nom. La comtesse, dévouée à la maison d'Autriche par le désir de la vengeance et par l'asile qui lui avait été accordé, ne fut pas plus tôt en Flandre qu'elle sollicita de l'emploi pour eux dans les troupes de l'empereur. En 1682 elle obtint un régiment de dragons pour le prince Philippe qui s'était rendu à Vienne dès 1681 et qui fut tué le 8 juillet 1683, dans la défaite de l'arrière-garde du duc de Lorraine par les Tartares, peu de jours avant que cette ville fût assiégée par les Turcs. Le prince Eugène se flatta que l'empereur lui accorderait le régiment qu'avait eu son frère; et cette espérance lui fit abandonner la France plutôt que le refus d'une compagnie de cavalerie ou d'un régiment. Il arriva vers le milieu du mois d'août 1683 à Passaw, où Léopold s'était retiré, et suivant *les propres expressions du ministre qui rendit compte de son arrivée*, il se mit sous la protection de l'ambassadeur d'Espagne. Plusieurs années après, le comte de Soissons, son frère aîné, fut aussi chercher fortune auprès de l'empereur et mourut devant Landaw en 1704. L'exemple du prince Philippe, la retraite de la comtesse de Soissons dans les Pays-Bas, l'espèce de disgrace où était sa maison en France, suffisaient sans doute au prince Eugène, sans le prétendu refus d'un régiment, pour lui faire préférer le service de l'empereur à celui du roi, quand même il aurait été en son pouvoir de choisir. Quoi qu'il en soit, Louis XIV n'avait pas besoin du ridicule que les paroles que vous lui attribuez font rejaillir sur sa mémoire, lorsqu'on rapproche ce propos des inquiétudes que lui causèrent depuis les talents du prince Eugène. Vous citez pour garans de cette anecdote, les Mémoires de Dangeau, auxquels vous renvoyez : mais le silence du garant même que vous citez forme un témoignage contre vous. Vous savez, Monsieur, que Dangeau n'a fait qu'un journal, qu'il écrivait au jour le jour et à l'heure, si cela se peut dire ; qu'il ne revenait enfin jamais sur les événements passés. Le prince Eugène arriva à Passaw en 1683, et les Mémoires de Dangeau ne commencent qu'en 1684. Cela seul démontre, comme je m'en suis convaincu dans les Mémoires mêmes, que Dangeau, qui parle du départ des princes de Conti en 1685, ne fait et ne peut faire aucune mention de celui du prince Eugène en 1683.

Peut-être ces éclaircissements vous paraîtront-ils, Monsieur, peu importants ; vos remarques sur l'histoire nous apprennent que la vérité est indifférente dans les petits détails : mais ailleurs vous nous dites qu'il faut de la vérité dans les plus petites choses. Entre ces deux maximes je m'en tiens à la dernière: c'est celle que j'adopte, elle m'encourage, et me fait espérer que vous me pardonnerez d'avoir mis de l'exactitude et de la vérité dans de petites choses qui regardent un grand homme.

Je vous prie de recevoir les assurances de mon profond respect.

LETTRE II.

A MONSIEUR LE CHEVALIER DE TAULÈS,
SECRÉTAIRE D'AMBASSADE A GENÈVE.

> A Ferney, 19 mars 1766, par la commodité de M. Souchai, marchand de drap au Lion d'or, à Genève.

Quand je n'avais que soixante ans, Monsieur, vous m'auriez vu venir à cheval au-devant de Monsieur l'ambassadeur; mais j'en ai soixante-et-douze passés et il y a plus d'un an que je ne suis pas en état de sortir de ma chambre; je m'adresse à vous hardiment pour faire agréer mes excuses et mon respect. Je prends cette liberté avec vous, parce que je vous ai obligation. On m'a dit, Monsieur, que c'est à vous que je dois quelques anecdotes tirées du dépôt des affaires étrangères : de plus, monsieur de Chabanon, qui est très-véridique, m'assure que vous m'honorez de quelque bonté, je vous supplie de me la conserver et de me procurer celle de Son Excellence. Si j'avais de la santé, je viendrais vous présenter cette double requête, et vous assurer des sentiments respectueux avec lesquels j'ai l'honneur d'être, Monsieur,

Votre très-humble et très-obéissant serviteur.

VOLTAIRE,
Gentilhomme ordinaire du Roi.

M. de Chabanon dit encore que vous daignez venir dans ma cabane, quand vous serez las de vous crever à Genève. Gardez-vous bien de me faire cet honneur avant deux heures. Demandez à M. Hennin.

LETTRE III.

AU MÊME.

A Ferney, 5 avril 1766.

Je n'oublierai jamais, Monsieur, le discours de M. Thomas; mais j'ai oublié sa demeure, et d'ailleurs je ne peux m'adresser qu'à vous pour le remercier. De tous ceux qui ont fait l'éloge du dauphin; il est le seul qui m'ait fait connaître ce prince. Je n'ai vu que des mots dans tout ce que j'ai reçu de Paris, en prose et en vers, sur ce triste événement. La première chose qu'il faut

faire quand on veut écrire, c'est de penser;
Monsieur Thomas ne s'exprime éloquemment
que parce qu'il pense profondément.

A propos de penseur, puis-je vous supplier,
Monsieur, de présenter mes respects à Son Excellence ? Elle donne des indigestions à tout Genève
avant de lui donner une paix inaltérable ; j'ose
me flatter que quand nous aurons des feuilles,
et que vous aurez le temps de prendre l'air,
vous voudrez bien donner la préférence à l'air
de Ferney; ce n'est pas assez de faire du bien à
des hérétiques, il faut encore consoler les vieux
catholiques malades. Je compte hardiment sur
vos bontés et sur celles de M. Hennin.

Daignez, Monsieur, être sans cérémonie avec
votre très-humble et très-obéissant serviteur.

VOLTAIRE.

LETTRE IV.

AU MÊME.

15 avril 1766, à Ferney.

Je retrouve dans mes paperasses, Monsieur,
une lettre qui vous appartient et que je croyais

vous avoir rendue ; j'ai l'honneur de vous la renvoyer en vous faisant mon compliment de condoléance sur la perte que vous faites de M. le duc de Praslin, et en vous félicitant sur le retour de M. le duc de Choiseul. Il faut avoir une tête d'or et une santé de fer pour entrer à la fois dans les détails de la guerre et des affaires étrangères : s'il ne tombe pas malade il m'étonnera beaucoup. Je vous supplie de me mettre aux pieds de M. le gouverneur de Saint-Omer ; je suis bien languissant ; mais je serais fâché de mourir sans vous avoir vu encore une fois l'un et l'autre, oublier sous mes rustiques toits vos crevailles et vos affaires.

Mille tendres respects.

VOLTAIRE.

LETTRE V.

AU MÊME.

28 avril 1766, à Ferney.

Je vois, Monsieur, que le derrière de Son Excellence n'est pas si bon que sa tête ; j'apprends qu'on lui a fait une opération qu'il a soutenue avec son courage ordinaire ; je m'adresse toujours à vous pour lui faire parvenir les témoignages de mon respect et de ma sensibilité. Il doit savoir combien tout le monde s'intéresse à sa santé : il goûte le plaisir d'être aimé, *c'est un bonheur* que vous partagez avec lui. Continuez-moi, Monsieur, des bontés qui me sont bien chères, et daignez vous souvenir quelquefois d'un pauvre vieillard cacochime qui vous aime comme s'il avait eu l'honneur de vivre longtemps avec vous.

LETTRE VI.

AU MÊME.

30 avril 1766.

Mon cher Monsieur, le frère D'Auzière et le sieur Bourlier natifs, viennent à moi, ainsi que les syndics à qui j'ai prêté de l'argent, conseillers qui ont fait de bons marchés avec moi, citoyens à tête chaude, et autres, y sont venus ; j'ai prêché la paix à tous, et je suis toujours resté en paix chez moi ; tout ceci est une comédie dont vous venez faire le dénouement. D'Auzière est en prison, et vous protégez les malheureux ; je ne connais point les rubriques de la ville de Calvin et je ne veux point les connaître. Une vingtaine de natifs est venue me trouver, comme les poissardes de Paris, qui me firent autrefois le même honneur ; je leur forgeai un petit compliment pour le roi, qui fut très-bien reçu. J'en ai fait un pour les natifs, qui n'a pas été reçu de même, c'est apparemment que Messieurs des vingt-cinq sont plus grands seigneurs que le roi ; j'ignore si les poissardes ont plus de priviléges que les natifs. Mais je vous demande votre protection pour de pauvres diables qui ne savent ce qu'ils font. Ce n'est pas des perruques carrées que je parle, c'est des natifs. Tout en riant, honorez ces bonnes gens de vos bontés compatissantes et conservez-moi les vôtres.

LETTRE VII.

AU MÊME.

Ferney, 1 mai 1766.

Je suis un pauvre diable de laboureur et de jardinier, possesseur de soixante-et-douze ans et demi, malade, ne pouvant sortir, et m'amusant à me faire bâtir un petit tombeau fort propre dans mon cimetière, mais sans aucun luxe. Je suis mort au monde. Il ne me faut qu'un de profundis.

Voilà mon état, mon cher Monsieur, ce n'est pas ma faute *si Jean-Jacques Rousseau s'imagina que le docteur Tronchin* et moi nous ne trouvions pas son roman d'Héloïse assez bon. Souvenez-vous bien que voilà l'unique origine des petits troubles de Genève. Souvenez-vous bien, quand vous voudrez rire, que Jean-Jacques s'étant imaginé encore que nous avions ri des baisers âcres, et du faux germe, et de la proposition de marier l'héritier du royaume à la fille du bourreau, *s'imagina* de plus que tous les Tronchins et quelques conseillers s'étaient assemblés chez moi pour faire condamner Jean-Jacques, qui ne devait être condamné qu'au ridicule et à l'oubli. Souvenez-vous bien, je vous en prie, que le colonel Pictet écrivit une belle lettre qui n'avait pas le sens commun, dans laquelle il accusait le conseil d'avoir transgressé toutes les lois de concert avec moi; que le conseil fit emprisonner le colonel qui depuis a reconnu son erreur; que les citoyens alors se plaignirent de la violation de la loi et que tous les esprits s'aigrirent. Quand je vis toutes ces querelles, je quittai prudemment les Délices en vertu du marché que j'avais fait avec le conseiller

Mellet, qui m'avait vendu cette maison 87,000 fr. à condition qu'on m'en rendrait 38,000 fr. quand je la quitterais.

Ayez la bonté de remarquer que pendant tout le temps que j'ai occupé les Délices, je n'ai cessé de rendre service aux Génevois. J'ai prêté de l'argent à leurs syndics; j'ai tiré des galères un de leurs bourgeois; j'ai fait modérer l'amende d'un de leurs contrebandiers; j'ai fait la fortune d'une de leurs familles; j'ai même obtenu de monsieur le duc de Choiseul qu'il daignât permettre que les capitaines génevois au service de la France ne fissent point de recrues à Genève, et j'ai fait cette démarche à la prière de deux conseillers qui me furent députés. Voilà les faits, et les lettres de M. le duc de Choiseul en sont la preuve. Je ne lui ai jamais demandé de graces que pour les Génevois. Ils sont bien reconnaissants.

A la mort de M. de Montperon, trente citoyens vinrent me trouver pour me demander pardon d'avoir cru que j'avais *engagé le conseil à persécuter Rousseau,* et pour me prier de contribuer à mettre la paix dans la république. Je les exhortai à être tranquilles. Quelques conseillers vinrent chez moi, je leur offris de dîner avec les principaux citoyens et de s'arranger gaiement. J'envoyai un mémoire à M. d'Argental pour le faire consulter par des avocats. Le mémoire fut assez sagement répondu à mon gré. M. Hennin arriva, je lui remis la minute de la consultation des avocats et je ne me mêlai plus de rien. Ces jours passés, les natifs vinrent me prier de racourcir un compliment ennuyeux qu'ils voulaient faire, disaient-ils, à messieurs les médiateurs; je pris mes ciseaux d'académicien, et je taillai leur compliment. Ils me montrèrent ensuite un mémoire qu'ils voulaient présenter; je leur dis qu'il ne valait rien, et qu'il fallait s'adresser au conseil.

J'ignore qui a le plus de tort, ou le conseil, ou les bourgeois, ou les natifs. Je n'entre en aucune manière dans leurs démarches. Et depuis l'arrivée de M. Hennin, je n'ai pas écrit un seul mot à M. le duc de Praslin sur Genève.

A l'égard de M. Ausbouger, j'ai tort de n'avoir pas envoyé chez lui. Mais j'ai supplié M. Sinner Daubigni de lui présenter mes respects. Je suis un vieux pédant dispensé de cérémonies. Mais j'en ferai tant qu'on voudra. Je vous supplie, mon cher Monsieur, d'ajouter à toutes vos bontés, celle de m'excuser auprès de messieurs les médiateurs suisses, et de me continuer vos bons offices auprès de M. l'ambassadeur. Pardonnez-moi ma longue lettre, et aimez le vieux bon-homme. VOLTAIRE.

LETTRE VIII.

M. DE TAULÈS A M. DE VOLTAIRE.

Le 1ᵉʳ mai 1766.

Ce qui se passa hier ici, Monsieur, fut exécuté a l'insu des médiateurs, qui n'y ont eu aucune part; leur dessein n'est point de se mêler de ce qui concerne la police intérieure de la république : cette inspection appartient uniquement au conseil. Il serait très-difficile d'arrêter la procédure commencée contre le sieur D'Auzière. Tout ce que les médiateurs peuvent faire, c'est de parler en sa faveur. Le conseil, de son côté, paraît dans l'intention d'user d'une douceur vraiment paternelle envers lui.

Monsieur l'ambassadeur, à qui j'ai lu votre lettre, s'y intéressera; mais je ne dois pas vous cacher que Son Excellence est très-affligée d'entendre souvent parler de vous à cette occasion; votre repos lui est aussi précieux que votre gloire. Elle voudrait que vous vous bornassiez à jouir tranquillement de l'admiration que le monde a pour vous. Votre seul nom, Monsieur, donne toujours un mouvement trop violent aux affaires, et il serait à craindre qu'en voulant trop fortement le bonheur des hommes, vous ne contribuassiez au contraire qu'à les rendre encore plus malheureux.

J'ai l'honneur de vous saluer.

LETTRE IX.

HENNIN, 1ᵉʳ SECRÉTAIRE D'AMBASSADE A GENÈVE.

Ferney, le 18 mai 1666.

Venez, Monsieur, reconnaître au plus tôt les lieux que vous voulez embellir. Voilà le premier moment où le pays de Gex a des feuilles et des fleurs, l'air qu'on y respire est plus doux que celui de Genève. Mettez-moi, je vous en supplie, aux pieds de monsieur l'ambassadeur; je m'informe tous les jours de sa santé, et puisque la nature qui me persécute ne veut pas que je lui fasse ma cour à Genève, j'espère qu'il ne partira pas sans daigner venir encore prendre l'air dans nos hameaux et les honorer de sa présence. Gardez-vous bien (si vous m'aimez) de m'oublier auprès de M. le chevalier de Taulès.

J'ai déjà fait usage de la singulière anecdote

que je lui dois, touchant l'étonnant traité de Léopold avec Louis XIV, que j'aurais ignorée sans lui. Si sa belle mémoire veut encore m'aider, le siècle de Louis XIV ne s'en trouvera pas plus mal. Je ne me mêle, Dieu merci, que des affaires du temps passé, et je laisse là le siècle présent pour ce qu'il vaut. Je ne prends point la liberté d'écrire à monsieur l'ambassadeur sur sa santé, je m'adresse à vous pour en savoir des nouvelles. Ma nièce, qui alla ces jours passés lui présenter ses hommages et les miens, m'assure qu'il sera bientôt en état de sortir.

Adieu, Monsieur ; toute ma petite famille vous embrasse bien tendrement et soupire comme moi après le bonheur de vous voir. VOLTAIRE.

LETTRE X.

A M. DE TAULÈS.

A Ferney, 23 mai 1766.

Le couvent de Ferney a souvent recours à M. le chevalier de Taulès, pour savoir des nouvelles de M. l'ambassadeur, s'il est entièrement guéri, s'il mange, s'il digère, s'il dort, s'il se promène. Nous nous intéressons à sa santé plus que tous les Génevois ensemble, dussent-ils en être jaloux. Madame Denis compte avoir l'honneur de le voir dès qu'elle pourra sortir ; pour moi, Monsieur, qui n'ai pas mis d'habit depuis trois mois, je suis privé du plaisir de remplir mes devoirs. Vous savez combien il me serait doux de profiter de vos moments de loisir, et de puiser dans vos conversations, des connaissances nouvelles. Ne doutez pas des sentiments respectueux que je conserverai pour vous toute ma vie. VOLTAIRE.

LETTRE XI.

AU MÊME.

A Ferney, 3 juillet.

Voulez-vous bien, Monsieur, que je vous adresse cette réponse que je dois à M. Thomas ? je crois que je l'aime autant que vous l'aimez, sans que je l'aie jamais vu. Vous êtes dans le temple de la discorde, tandis que je suis dans celui de la paix ; mais je quitterais volontiers mon temple pour venir vous embrasser dans le vôtre, si j'avais une heure de santé. Donnez-moi la consolation, je vous en prie, de présenter mes respectueux hommages à M. l'ambassadeur; je me flatte que sa santé est entièrement raffermie et qu'il a, comme vous, un corps digne de son ame; la mienne toute languissante qu'elle est, vous est bien véritablement attachée.

LETTRE XII.

A M. DE TAULÈS.

Lundi matin, 18 auguste, à Ferney.

Vous êtes, Monsieur, un digne compatriote de Henri IV, franc, loyal, bienfesant, bon à montrer aux amis et aux ennemis, comptez que vous êtes selon mon cœur. Je suis bien fâché que vos comités vous prennent tout entier. Si vous pouvez quelquefois vous échapper pour venir philosopher avec un solitaire, vous ferez une bonne œuvre dont je vous aurai bien de l'obligation. Je ne vous ai encore vu qu'en grande compagnie et jamais à mon aise : je suis pénétré de vos bontés, je vous aime de tout mon cœur, et je veux vous le dire à tête reposée. Madame Denis joint ses prières aux miennes, nous vous sommes également dévoués. Mille tendres respects.   VOLTAIRE.

LETTRE XIII.

A M. DE TAULÈS.

Dimanche matin, 14 septembre 1766.

Si j'existais, monsieur, vous savez que je passerais une partie de mes jours à faire ma cour à son excellence, et à tâcher de mériter votre amitié. Je n'ai qu'une demi-existence tout au plus. Vous, monsieur, qui avez un corps digne de votre ame, vous qui pouvez faire tout ce que vous voulez, je vous demande en grace que vous vouliez dîner à Ferney le jour où vous serez le moins occupé. J'ai reçu une lettre charmante qui était, je crois, dans le paquet de monsieur l'ambassadeur.

V. t. h. e. t. o. s. VOLTAIRE.

P. S. Le plutôt que je pourrai avoir l'honneur de vous parler, sera le mieux.

LETTRE XIV.

A M. DE TAULÈS.

6 novembre 1766.

J'ai l'honneur, monsieur, de vous renvoyer les *lettres originales du très-original Jean-Jacques.* Ne pensez-vous pas qu'il serait convenable que je donnasse à M. le duc de Choiseul la permission de faire imprimer l'extrait de ces lettres et de mettre au bas : *par ordre exprès du ministère de France?* Ne serait-ce pas en effet un opprobre pour ce ministère qu'un homme tel que Jean-Jacques Rousseau eût été secrétaire d'ambassade? Les aventures de d'Éon, de Vergy, de Jean-Jacques, sont si déshonorantes qu'il ne faut pas ajouter à ces indignités le ridicule d'avoir eu un Rousseau pour secrétaire nommé par le roi. Je m'en rapporte à son excellence. J'ose me flatter qu'il pensera comme vous et comme moi sur cette petite affaire, et je vous supplie de m'envoyer ses ordres et les vôtres. J'écris à M. le duc de Choiseul; il n'est pas juste que Jean-Jacques passe pour avoir été une espèce de ministre de France, après avoir dit dans son contrat inso-

cial, page 163, « que ceux qui parviennent dans
« les monarchies ne sont que de petits brouillons,
« de petits intrigants, à qui les petits talents qui
« font parvenir aux grandes places, ne servent
« qu'à montrer leur ineptie aussitôt qu'ils y sont
« parvenus. »

Je ne sais si monsieur l'ambassadeur pourrait
en dire un mot dans sa dépêche ; je m'en remets
à sa prudence, à ses bontés et à la bienveillance
dont il daigne m'honorer.

Par ma foi, monsieur, vous aurez de ma part
du respect autant que d'amitié ; mais je vous demande en grace de ne vous plus servir de ces
formules qui blessent le cœur, et un cœur qui
est à vous. VOLTAIRE.

LETTRE XV.

AU MÊME.

Je n'ai cru, mon cher monsieur, qu'il fallait
une permission de M. le duc de Choiseul, qu'au
cas qu'on niât les lettres écrites en 1744, et qu'on
se servît du pretexte des dates erronées pour
crier au faussaire. C'est une précaution que j'ai
cru devoir prendre. Je l'ai soumise aux lumières

de monsieur l'ambassadeur et aux vôtres, et à celles de M. *Hennin*. Ces pauvres natifs m'ont appris à ne rien faire de ma tête ; mais puisqu'*on rend justice au caractère de Jean-Jacques, tout est fini.* Il resterait à faire voir que ce malheureux sophiste *n'a pas écrit douze pages de suite où il y ait le sens commun*, et qu'il n'y a jamais eu de réputation plus usurpée ; mais ce n'est pas là mon affaire. Je sais attendre, et j'attendrai. Surtout que les vingt-cinq *perruques* qui ne voient pas plus loin que le bout de leur nez, me rendent justice. Je suis assez content que vous me la rendiez. Il y a plus de repos dans mon cœur que dans Genève ; comptez, monsieur, qu'il y a aussi une amitié respectueuse pour vous dans ce vieux cœur que vous avez gagné. V.

LETTRE XVI.

A M. DE TAULÈS.

A Ferney, 3 novembre.

Je donnai, monsieur, ces jours passés, à ma nièce, un petit memorandum pour la faire souvenir de vous demander une petite grace dont j'avais besoin. Il s'agissait de vérifier une date ; au lieu de vous prier de vouloir bien lui dire la date, qu'elle aurait pu oublier, elle vous laissa mon petit billet. Je ne voulais que savoir précisément la date des lettres de Venise que vous avez entre les mains. C'est vous qui aviez eu la bonté de m'en procurer une copie ; je l'ai prêtée et on ne me l'a pas encore rendue. Au moins, madame Denis vous a dit combien je vous suis attaché ; quoique vous ayez eu la cruauté de m'écrire que vous étiez avec respect, j'ai la justice moi d'être, avec respect, et malgré cela avec sincérité, monsieur,

Votre très-humble et très-obéissant serviteur.

V.

Voulez-vous bien, monsieur, avoir la bonté de me mettre aux pieds de son excellence ? Monsieur Thomas ne sera-t-il pas de l'Académie ?

BILLET.

Mille tendres respects à M. le chevalier de Taulès.

Les lettres de Venise de Jean-Jacques ?

LETTRE XVII.

A M. DE TAULÈS.

A Ferney, 10 novembre 1766.

J'ose supplier, monsieur, son excellence ou vous, de vouloir bien mettre dans vos paquets de la cour, ces deux guenilles que MM. les ducs de Choiseul et de Praslin m'ont demandées. Dites-moi, je vous en prie, *ce qu'on pense de Jean-Jacques* à Genève. Les vingt-cinq perruques sont assurément sur des têtes de travers, si elles pensent que je suis enrôlé contre elles dans le régiment de Rousseau. Ces messieurs-là connaissent bien mal leur monde, et sont bien maladroits.

Monsieur Thomas, dieu merci, a tous les suffrages. Donnez-moi ici le vôtre, et traitez avec amitié

V. t. h. o. s. VOLTAIRE.

LETTRE XVIII.

A M. DE TAULÈS.

Du 20 novembre 1766.

Le couvent de Ferney envoie savoir des nouvelles de la santé de son excellence; il supplie M. le chevalier de Taulès de vouloir bien en dire. Il fait mille compliments à M. Hennin.

V.

LETTRE XIX.

A M. DE TAULÈS.

Mardi au matin.

Si vous avez eu, monsieur, le temps de lire le petit écrit sur les commissions royales, qu'on prétend de M. Lambert, conseiller au parlement, je vous supplie de me le renvoyer; et si vous pouvez vous échapper un moment, ce dont je doute fort, je vous demande de mettre, parmi vos œuvres de bienfaisance, celle de venir voir un pauvre malade qui vous est tendrement attaché.

Recevez mes respects, et présentez-les, je vous prie, à son excellence. V.

LETTRE XX.

A M. DE BARREAU.

A Ferney, 11 auguste 1767.

Monsieur, on fait actuellement une nouvelle édition du siècle de Louis XIV. Je fais usage de toutes les observations que vous eûtes la bonté de me communiquer, il y a plus d'une année, et je vous réitère mes très-humbles remercîments, souffrez qu'en même temps je vous envoie ce mémoire. Il est fait pour venger la vérité que vous aimez, et l'honneur de la maison royale que vous servez. J'ai été forcé à cette démarche par ces deux motifs. Je soumets le mémoire à vos lumières et à vos bontés.

On m'a assuré qu'en 1685 ou 1686 il y eut un étrange traité, entre l'empereur Léopold et Louis XIV, qui fut à peu près dans le goût du traité de partage fait si long-temps après. Léopold devait laisser le roi s'emparer de toute la Flandre, à condition qu'à la mort du jeune Charles II qui était d'une complexion très-faible, Louis XIV laisserait Léopold s'emparer de l'Espagne. Le traité fut très-secret; on n'en fit point de double, et l'original devait être remis au grand duc de Florence. Louis XIV trouva le moyen de l'avoir en sa possession. Les Mémoires de Torcy indiquent ce fait d'une manière assez confuse, et vous devez, monsieur, en avoir des preuves certaines. C'est une vérité que le temps permet enfin de révéler.

Si vous aviez d'ailleurs quelques instructions à me donner sur tout ce qui peut faire honneur à la patrie et au ministère, vous pourriez compter sur ma docilité, sur ma discrétion et sur ma reconnaissance.

J'ai l'honneur d'être, avec tous les sentiments que je vous dois, monsieur,

Votre très-humble et très-obéissant serviteur,

VOLTAIRE.

LETTRE XXI.

A M***.

9 novembre 1767.

Vraiment, mon cher ami, je suis fort aise que M. de Taulès soit M. de Barreau ; mandez-moi, je vous prie, s'il est encore à Versailles, s'il reviendra bientôt à Soleure. C'est un homme fort instruit, et le seul capable de fournir des anecdotes vraies sur le siècle de Louis XIV. Je ferais bien volontiers le voyage de Soleure pour le consulter, si ma santé me le permettait; il est d'ailleurs du pays de mon héros Henri IV, et j'ai mille raisons pour l'aimer : quand vous écrirez à M. de Rochefort, dites-lui, je vous prie, combien je m'intéresse à son nouvel établissement et à son bonheur. Voici un petit mot pour M. le comte de la Touraille. Maman et moi nous fesons les plus tendres compliments à notre ancien ami et à la sœur du pot. VOLTAIRE.

LETTRE XXII.

A M. DE TAULÈS.

20 novembre 1767, à Ferney.

Le zèle de M. de Barreau s'est bien ralenti; il m'avait instruit autrefois, et il m'avait promis de m'instruire encore. Faudra-t-il que je m'en tienne aux Mémoires de Torcy sur ce singulier traité entre Louis XIV et Léopold, qui dut-être déposé entre les mains du grand-duc? M. de Barreau laissera-t-il son ouvrage imparfait? Quand on a fait un enfant il faut le nourrir et le vêtir. J'ai recours aux bontés de M. de Barreau, et je le somme de ses promesses.

Les plates tracasseries de Genève peuvent bien être sacrifiées au cabinet de Louis XIV.

C'est bien dommage que M. de Torcy n'ait pas écrit des mémoires sur tout son ministère; c'est un homme plein de candeur.

Si M. de Barreau veut avec la même candeur, me continuer ses bontés, la vérité et moi nous lui en aurons grande obligation. VOLTAIRE.

LETTRE XXIII.

AU MÊME.

14 décembre 1767, à Ferney.

Mes raisons de vous aimer, monsieur, sont que vous avez la franchise et la bonté de mon héros dans le pays duquel vous êtes né. Il faut avoir bien envie de crier, pour trouver mauvais qu'on ait produit les lettres de Jean-Jacques; je croyois d'ailleurs que des archives étaient faites pour être consultées; on en use ainsi à la Tour de Londres, et jamais on ne s'est avisé de trouver Rimer indiscret.[1]

Je prendrai la liberté d'en écrire un mot à M. le duc de Choiseul : il y a long-temps que l'anecdote du traité apporté par des gardes-du-corps est imprimée. Un fait aussi peu vraisemblable a besoin d'autorité; il y a une note qui indique que cela est tiré du dépôt. Effectivement vous savez qu'avant vous, il y a un homme fort au fait qui m'apprit cette particularité, et c'est ce que je certifierai à votre principal, mais il n'est pas encore temps.

Vous êtes informé de plus qu'on m'a fait une

petite tracasserie avec lui, et qu'on m'a voulu faire passer pour représentant ; cependant je ne me mêle pas plus des représentations de Genève que de celles des parlements, et je suis comme cet homme qui chantait les psaumes sur l'air : *Tout cela m'est indifférent.* Ce qui ne m'est pas indifférent, c'est votre amitié. Je vous supplie, quand vous verrez M. Thomas, de lui dire qu'il n'a point d'admirateur plus zélé que moi. Je finis là ma lettre, car je suis bien malade, et je la finis sans compliments, ils sont dans mon cœur. V.

LETTRE XXIV.

AU MÊME.

18 janvier 1768, à Ferney.

Mes inquiétudes, monsieur, sur les tracasseries de Genève étant entièrement dissipées, et M. le duc de Choiseul m'ayant fait l'honneur de m'écrire la lettre la plus agréable, je profite de ses bontés pour lui demander la permission d'être instruit par vous de quelques vieilles vérités que vous aurez déterrées dans l'énorme fatras du dépôt des affaires étrangères. Je lui représente que ces vérités deviennent inutiles, si elles ne servent pas à l'histoire, et que le temps est venu de les mettre au jour. Je lui dis que vous lui montreriez vos découvertes, et que je ne ferai usage que de celles qu'il approuvera. Il me paraît que ma proposition est honnête ; j'attends donc les lumières que vous voudrez bien me communiquer. On vous aura l'obligation d'avoir fait connaître un siècle, qui dans presque tous les genres, doit être le modèle des siècles à venir.

Pour moi, tant que je respirerai dans le très-médiocre siècle où nous sommes, j'aurai l'honneur d'être, avec la plus sensible reconnaissance, monsieur,

Votre très-humble et très-obéissant serviteur,

VOLTAIRE.

LETTRE XXV.

AU MÊME.

6 fevrier 1768, à Ferney.

Si vous vous intéressez, monsieur, à la gloire du plus beau siècle que la France ait vu naître, si vous voulez l'enrichir de vos connaissances, il n'y a pas un moment à perdre. Cela est plus digne de la postérité que les tracasseries de Genève; l'ouvrage tire à sa fin, j'avais eu l'honneur de vous mander que j'ai prévenu M. le duc de Choiseul; je ne doute pas que, si vous lui dites un mot, il ne vous permette de m'envoyer des vérités; il les aime, il sait qu'il est temps de les rendre publiques. Il n'y a que les superstitieux à qui la vérité déplaise. Si vous me secourez, le siècle de Louis XIV vous aura obligation, et moi aussi, qui suis dans ce siècle l'homme du monde qui vous est le plus attaché. Les Génevois ont brûlé le théâtre de ce pauvre Rosimond: que ne brûlaient-ils celui de Paris? On dit qu'il est détestable. Je n'aime pas les incendiares; cela peut aller loin. Rome fut brûlée sous Néron, et Genève pourrait bien être brûlée sous le vieux Duluc.

V. t. h. o. s.

LETTRE XXVI.

A M. DE VOLTAIRE.

22 février 1768

L'amour seul de la vérité, monsieur, et non le dessein de réveiller une ancienne dispute entre vous et M. de Foncemagne, m'a fait naître l'idée de jeter un coup d'œil sur le testament du cardinal de Richelieu. Toutes les conjectures, toutes les présomptions sont maintenant épuisées; je me défendrai donc toute nouvelle réflexion, et je me bornerai à un seul point, à un seul fait, sans m'aller perdre dans cette foule de raisonnements, qui n'ont servi qu'à augmenter nos doutes et à plonger le public dans de nouvelles incertitudes.

Tout le monde conviendra avec vous, monsieur, que les maximes triviales dont le testament est rempli sont plus d'un pédant que d'un homme d'état; mais juger que cet ouvrage est indigne du fameux ministre auquel on l'attribue, ce n'est pas prouver qu'il n'est pas de lui. Dans quelles erreurs ne jetterait pas cette manière de raisonner? La harangue ridicule que le cardinal prononça au lit de justice qui fut tenu au parlement l'année 1634, et dont vous nous avez rapporté vous-même quelque lambeau, dépare-t-elle donc le testament? Vous taxez de prévention ceux qui ont pu faire à la mémoire du cardinal l'affront d'imaginer qu'un tel livre était digne de lui: *vous les accusez de réfléchir peu, de lire avec négligence, de juger avec précipitation, et de recevoir les opinions comme on reçoit la monnaie parce qu'elle est courante.*

Ce reproche de prévention, monsieur, que vous faites à ceux qui ne pensent pas comme vous, ne seraient-ils pas en droit de vous le rendre? On serait tenté de vous soupçonner dans cette occasion à peu près la même manière de raisonner. Ceux qui ont attribué le testament au cardinal ont jugé cet ouvrage admirable parce qu'ils l'ont cru de lui; vous, monsieur, qui avez trouvé l'ouvrage mauvais, vous ne pouvez vous imaginer que ce ministre en soit l'auteur, précisément parce que c'est une œuvre méprisable. D'après votre admiration pour le cardinal, vous avez établi un principe; et ensuite vous vous êtes abandonné aux conséquences. Vous n'avez songé qu'à sa réputation, à l'éclat qui l'a environné pendant sa vie, au nom qu'il a laissé après sa mort. Votre imagination, que la seule idée de ce qui porte un certain caractère de grandeur échauffe et transporte, n'a pu admettre rien de petit dans ce génie qui a étonné l'Europe, et que nous sommes dans l'habitude d'admirer. Vous vous êtes rempli du grand ministre, du grand homme, ses côtés faibles vous ont échappé. La prévention une fois ainsi établie, la raison a perdu tous ses droits, et le testament n'a plus été du cardinal de Richelieu, parce qu'il vous a paru être et qu'il est probablement indigne de lui.

Je ne ferai pas usage dans ce moment, monsieur, de tous les titres que je pourrais opposer à votre sentiment: mais quelque téméraire, quelque extravagante que doive d'abord paraître l'assertion que je vais avancer, je ne craindrai pas de dire que tous les faits que vous nous alléguez comme des marques certaines que le testament n'est pas du cardinal, j'ose me croire fondé à les regarder comme preuves que ce ministre en est effectivement l'auteur. Le pédantisme qui règne dans tout le cours de l'ouvrage, le style tantôt grossier, tantôt indécent, et sûrement bien antérieur par sa barbarie à la paix des Pyrénées, malgré l'idée où vous êtes que ce livre lui est postérieur, la manière dont il nomme la marquise de Fargès, les expressions peu convenables qu'il emploie contre l'Espagne, ses injures contre le duc de Rohan qu'il haïssait, parce qu'il le craignait, son emphase en parlant du petit combat de Castelnaudary, ses sermons de chasteté à Louis XIII, quoique ce prince fût bien plus chaste que lui, le prétendu refus des secours des armes ottomanes dont il se vante auprès d'un roi connu par son zèle pour la religion, ses déclamations contre le droit de régale, la défiance que cet homme hardi et despotique témoigne de la puissance des jésuites, la fausseté dans une foule de faits et de calculs si évidente, si palpable, qu'elle est bien moins extraordinaire dans un homme d'état occupé des plus grandes affaires que dans un particulier qui a le loisir de travailler avec soin un pareil ouvrage; enfin le fatras d'erreurs et de contradictions dont il fourmille, tout m'a intimement persuadé que le cardinal en est l'auteur, et il ne me serait pas difficile de citer, à côté de chacun de ces articles, un article semblable et plus fort avec la preuve qu'il est de ce ministre et que par conséquent on ne lui a fait aucun tort en lui attribuant les fautes que vous avez relevées dans son testament.

Mais je n'ai pas le temps de rassembler toutes ces preuves. D'ailleurs il ne me conviendrait pas de les rendre publiques; je me bornerai donc aux deux seuls points sur lesquels vous avancez que tout roule dans ce livre et dont vous nous dites que le premier est indigne de lui et que le second est un outrage à sa mémoire.

Le premier point, selon vous, monsieur, est un lieu commun, puéril, vague, un cathéchisme pour un prince de dix ans est bien étrangement déplacé à l'égard d'un roi de quarante années. Vous avez raison sans doute de vous récrier sur le ridicule qu'il y a d'annoncer avec emphase dans un livre de politique adressé à son souverain « que le fondement du bonheur d'un état « est le règne de Dieu : que la raison doit être la « règle de la conduite d'un état, que l'homme « ayant été fait raisonnable, il ne doit rien faire « que par raison. »

Tout homme sent que de pareilles trivialités sont indignes d'un homme tel qu'on se représente le cardinal de Richelieu, mais plusieurs manuscrits que j'ai vus de la main même de ce ministre m'apprennent qu'il mêlait souvent les choses du ciel et de la terre, qu'il parlait comme cardinal lorsqu'on s'attendait à ne l'entendre parler que comme homme d'état, qu'il recommandait le règne de Dieu tandis qu'il n'était occupé que du règne de ce monde, et qu'il avait la manie de répéter sans cesse qu'il fallait suivre *en tout la raison*, que tout devait *se faire par raison*. Ce mot *par raison* était son expression favorite; je le trouve à chaque ligne dans ses écrits et je ne le trouve que dans ses écrits; vous l'avez vous-même fortement relevé dans son testament, je n'en rapporterai qu'un exemple tiré d'un mémoire du cardinal. M. de Bullion, surintendant des finances et ami du cardinal sollicitait une grace; le ministre consentit à la lui accorder, mais il voulut la lui faire acheter par quelques conditions et par des conseils. Voici comment il s'exprime dans cette occasion :

Je prie M. de Bullion, 1° de se résoudre à se dépouiller des passions esquelles il se laisse quelquefois emporter contre le tiers et le quart et à examiner et résoudre toutes sortes d'affaires *par raison.*

2° A s'appliquer aussi soigneusement à la réformation des finances et au soulagement des peuples qu'il s'est attaché à ses affaires particulières avant qu'il fût chargé des publiques, ce dont il est prié non-seulement à raison des intérêts publics, mais en outre *afin qu'il soit un jour aussi opulent au ciel qu'il l'est en terre.*

Voilà, monsieur, pour le premier article. Je sais que la preuve n'est pas tout-à-fait une démonstration; mais comparez sans partialité le ton et le style de ce mémoire avec le ton et et le style du testament, la ressemblance est frappante; on voit que les deux ouvrages sont sortis de la même main : c'est la même manière de s'exprimer; tout homme non prévenu jugera sans doute que le ministre qui dans un écrit authentique parle du royaume du ciel à un autre ministre, et lui dit qu'il faut résoudre toutes sortes d'affaires *par raison*, est très-capable d'avoir dit à son maître dans un testament politique destiné à ne voir le jour qu'après sa mort, *que le fondement du bonheur d'un état est le règne de Dieu, et qu'on ne doit rien faire que par raison.*

Vos objections, monsieur, sur le second point sont détruites bien plus victorieusement encore. Je n'en appellerai pas à M. de Foncemagne que vous pouviez croire prévenu contre votre sentiment; j'en appelle avec confiance à vous-même. Quoiqu'on fût excusable de vous soupçonner de la prévention contraire, je suis sûr d'avance que vous allez sur-le-champ prononcer contre vous.

Le second point, pour me servir de vos propres termes, monsieur, roule sur des projets d'administration imaginés par l'auteur, et de tous ces projets, selon vous, il n'y en a pas un seul qui ne soit précisément le contrepied de l'administration du cardinal. Vous alléguez en conséquence que l'auteur se met en tête d'abolir les *comptans*, où de les réduire par grace à un million d'or : vous ajoutez, que les *comptans* sont des ordonnances secrètes, pour des affaires secrètes dont on ne rend point compte, que c'est le privilége le plus cher de la place de premier ministre; que son ennemi seul en pourrait demander l'abolition.

Vous avancez enfin que l'affaire des *comptans* n'avait point fait de bruit avant la disgrace de

Fouquet, c'est-à-dire avant 1661, et de ce que l'auteur du testament en fait mention dans cet ouvrage, qui, s'il était du cardinal, serait tout au plus de l'année 1639, vous prétendez qu'il en résulte une preuve d'imposture contre lui; voici les propres paroles du testament.

« Entre les voies par lesquelles on peut tirer
« illicitement les deniers du coffre du roi, il n'y
« en a point de si dangereuse que celle des *comp-*
« *tans;* dont l'abus est venu à un tel point, que
« n'y remédier pas et perdre l'état, c'est la même
« chose. »

Et sur cela vous vous écriez : qui aurait disposé alors des *comptans*, je vous prie? s'ils avaient existé, qui les aurait signés? ç'aurait été sans doute le cardinal lui-même. On lui fait donc dire qu'il tire illicitement les deniers du coffre du roi. *On met dans sa bouche une accusation de péculat contre sa personne; on lui fait dire nettement qu'il est criminel de lèze majesté.* Une pareille absurdité est-elle possible; est-elle concevable? et après cette preuve de supposition, en faut-il d'autres encore?

Ces traits vifs ne prouvent rien, monsieur, bien loin de prouver une supposition : serait-il donc impossible qu'un premier ministre, qui, pendant sa vie, n'aurait pas eu la force de renoncer au privilège le plus cher de sa place, eût écrit dans son testament contre ce même privilége dont il aurait connu tous les dangers par l'abus qu'il en aurait fait lui-même? C'est ainsi que je pourrais opposer des raisonnements à des raisonnements, mais je n'ai besoin ni de raisonnements ni de supposition pour faire tomber les vôtres; c'est par des faits que je veux les anéantir.

Le cardinal, après avoir exigé de M. de Bullion, dans le mémoire déjà cité, qu'il bornât sa fortune aux biens qu'il avait et qu'il n'en désirât à l'avenir aucun accroissement, « qu'il se contentât
« en servant le roi en la charge en laquelle il
« était, des gages et appointements d'icelle, » le prie encore de se résoudre « à rétablir l'ordre
« ancien suivant lequel il ne doit expédier *aucun*
« *comptant*, de quelque nature que ce puisse
« être, soit pour raison de dons, affaires secrètes,
« étrangères ou autres, ou pour les remises des
« traités qui se font au conseil, qu'au même temps
« on n'en retienne un *menu* arrêté au conseil de
« trois en trois mois, signé de messieurs le chancelier, les surintendants et tous les intendants,
« duquel menu sera fait trois copies, l'une pour
« le trésorier de l'épargne, la seconde pour mes-

En marge, de la main du cardinal: « Je serai bien aise d'en avoir une copie. »

« sieurs les surintendants et la troisième pour monsieur le chancelier ; le tout suivant qu'il se
« pratiquait auparavant la mauvaise introduction
« de brûler le menu desdits *comptans*, faits à ce

« sujet depuis que le feu sieur Cornuel était en-
« tré dans les affaires. »

Je n'ajouterai rien, monsieur, à cette dernière preuve, chacun peut en tirer la conséquence; *les comptans* avaient donc fait du bruit avant la disgrace de Fouquet, en 1661, puisque le cardinal s'en plaint dans un écrit authentique de 1639.

Et les gêner ainsi, c'était pour ainsi dire vouloir les abolir, quoique vous ayez jugé que c'était dans sa propre bouche un accusation de plus contre lui.

Pour la curiosité du lecteur, je finirai par rapporter l'acte de soumission de M. de Bullion à la volonté de monsieur le cardinal.

« Je remercie monsieur le cardinal des bons
« avis ci-dessus qu'il lui plaît de me donner, que
« je reconnais nécessaires et justes pour le bien
« de l'état et mon salut particulier, je lui pro-
« mets sur mon honneur d'observer de point en
« point ce qui est contenu audit mémoire sans y
« contrevenir ni souffrir qu'il y soit contrevenu
« en quelque façon que ce puisse être.

« Fait à Paris, le 11 janvier 1639. BULLION. »

La conclusion de cet écrit, monsieur, est que si le testament politique ne convient point au roi auquel il est adressé, *ce qui pourrait même mé-*

riter une discussion, il peut du moins convenir au caractère du ministre auquel on le donne, au temps où on le suppose écrit et au style du cardinal de Richelieu.

Daignez réfléchir attentivement sur ce grand homme et sur chacune de ses actions prises en particulier, peut-être changerez-vous alors de sentiment. La nature avait sans doute gravé dans cette ame violente et forte un caractère de domination fait pour tout subjuguer; mais il serait oublié présentement, on ne parlerait plus de lui, si ce même M. de Bullion dont il est ici question, ne l'eût excité à se maintenir dans le gouvernement jusqu'en 1636, dans un moment où, découragé par les avantages que venaient de remporter les ennemis de la France et par le succès des intrigues des ses ennemis à la cour, il s'était déterminé à abandonner les affaires dont il désespérait. Que de succès glorieux dont la postérité lui a fait honneur ne sont dus qu'à sa fortune! Éblouis de l'éclat de son nom, lorsque nous parlons de lui nous ne songeons qu'à répéter ce que nous ont déjà dit ceux qui nous ont précédés. Aucun philosophe ne s'est avisé encore de le dépouiller des éloges que les hommes lui ont tous prodigués à l'exemple les uns des autres, pour le juger enfin sans aucune partialité, comme s'il paraissait pour la première fois au tribunal de la raison.

De Barreau.

LETTRE XXVII.

A M. DE TAULÈS.

A Ferney, 5 mars 1768.

Les trois quarts de la nouvelle édition du Siècle de Louis XIV sont imprimés, monsieur, et à moins que vous n'ayez quelques anecdotes sur le jansénisme, il ne m'est plus possible de vous en demander sur les affaires politiques. Je sais bien qu'il y a eu quelque politique dans les querelles des jansénistes et des molinistes; mais en vérité elle est trop méprisable, et c'est rendre service au genre humain, que de donner à ces dangereuses fadaises le ridicule qu'elles méritent. Quant au testament attribué au cardinal de Richelieu, vous pouvez, je crois, m'instruire avec liberté de tout ce que vous en savez, et en demander la permission à monseigneur le duc de Choiseul, en lui montrant ma lettre. Madame la duchesse d'Aiguillon a fait chercher au dépôt des affaires étrangères tout ce qu'elle a cru favorable à son opinion. Si vous avez quelques lumières nouvelles je me rétracterai publiquement, et je dirai que le cardinal de Richelieu a fait en politique un ouvrage aussi ridicule et aussi mauvais en tout point, qu'il en a fait en théologie. Mais jusques-là je croirai qu'il est aussi faux que ce ministre en soit l'auteur, qu'il est faux que celui qui ôte un moucheron de son verre puisse avaler un chameau.

La narration succinte, très-mal composée par l'abbé de Bourzeis, sous les yeux du cardinal de Richelieu, n'a rien de commun avec le testament. Elle démontre au contraire que le testament est supposé; car puisque cette narration récapitule assez mal ce qu'on avait fait sous le ministère du cardinal, le testament devait dire bien ou mal ce que Louis XIII devait faire quand il serait débarrassé de son ministre. Il devait parler de l'éducation du dauphin, des négociations avec la Suède, avec le duc de Weimar, et les autres princes allemands, contre la maison d'Autriche; comment on pouvait soutenir la guerre et parvenir à une paix avantageuse; quelles précautions il fallait prendre avec les huguenots; quelle forme de régence il était convenable d'établir, en cas que Louis XIII succombât à ses longues maladies, etc.

Voilà les instructions qu'un ministre aurait données, si en effet parmi ses vanités il avait eu celle de parler après sa mort à son maître. Mais il ne dit pas un mot de tout ce qu'il lui était indispensable, et il dit des sottises énormes dignes du chevalier de Moulin et de l'ex-capucin Maubert, sur des choses très-inutiles.

Si vous voyez M. le chevalier de Beauteville, je vous supplie, monsieur, de vouloir bien lui présenter mon respect.

Aimez un peu, je vous en prie, un homme qui ne vous oubliera jamais.

LETTRE XXVIII.

AU MÊME.

Ferney, 21 mars 1768.

J'ai déjà eu, monsienr, l'honneur de vous répondre sur l'accord honnête de deux puissants monarques, pour partager ensemble les biens d'un pupille. Je vous ai dit même, il y a longtemps, que j'avais déjà fait usage de cette anecdote; je ne vous ai pas laissé ignorer que dans la nouvelle édition du Siècle de Louis XIV, commencée il y a plus d'un an, et retardée par les amours du *chauve* Gabriel Cramer, il est marqué expressément que ce fait est tiré du dépôt improprement appelé des affaires étrangères, les Anglais disent archives, il se servent toujours du mot propre; ce n'est pas ainsi qu'en usent les Welches.

Je vous répéterai encore ce que j'ai mandé à M. le duc de Choiseul; c'est que la vérité est la fille du temps et que son père doit la laisser aller à la fin dans le monde.

Comme il y a assez long-temps que je ne lui ai écrit, et que ma requête en faveur de la vérité était jointe à d'autres requêtes touchant les grands chemins de Versoy, il n'est pas étonnant qu'il ait oublié les grands chemins et les anecdotes.

A l'égard du cardinal de Richelieu, je vous jure que je n'ai pas plus de tendresse que vous pour ce roi ministre, je crois qu'il a été plus heureux que sage, et aussi violent qu'heureux : son grand bonheur a été d'être prêtre; on lui conseilla de se faire prêtre lorsqu'il fesait ses exercices à l'académie; et que son humeur altière lui fesait donner souvent sur les oreilles. J'ajoute que s'il a été heureux par les événements, il est impossible qu'il l'ait été dans son cœur. Les chagrins, les inquiétudes, les repentirs, les craintes aigrirent son sang et pourrirent son cul. Il sentait qu'il était haï du public autant que des deux reines, en chassant l'une et voulant coucher avec l'autre, dans le temps qu'il était loué par des lâches, par des Boisrobert et par des Scudéri, et même par Corneille. Ce qui fit sa grandeur abrégea ses jours; je vous donne ma parole d'honneur que si j'avais vécu sous lui, j'aurais abondonné la France au plus vîte. A l'égard de son testament, s'il en est l'auteur, il a fait là un ouvrage bien impertinent et bien absurde; un testament qui ne vaut pas mieux que celui du maréchal de *Belle-Isle.*

Si parmi les raisons qui m'ont toujours convaincu que ce testament était d'un faussaire, l'article du *comptant secret* n'est pas une raison valable, ce n'est à mon avis qu'un canon qui crève dans le temps que tous les autres tirent à boulets rouges, et pour un canon de moins, on ne cesse pas de battre en brèche.

Demandez à M. le duc de Choiseul, supposé (ce qu'à Dieu ne plaise) qu'il tombât malade et qu'il laissât au roi des mémoires sur les affaires présentes, s'il lui recommanderait la chasteté? s'il lui parlerait beaucoup des droits de la Sainte-Chapelle de Paris? s'il lui proposerait de lever deux cent mille hommes, quand on en veut avoir cent mille? et s'il ferait un grand chapitre sur les qualités requises dans un conseiller d'état, etc.

Certainement au lieu d'écrire de telles bêtises, dignes de l'amour-propre absurde du petit abbé de Bourzeis, conseiller d'état *ad honores*, M. le duc de Choiseul parlerait au bas du pacte de famille, qui lui fera honneur dans la postérité; il péserait le pour et le contre de l'union avec la maison d'Autriche; il examinerait ce qu'on peut craindre des puissances du Nord, et surtout comment on s'y peut prendre pour tenir tête sur mer aux forces navales de l'Angleterre; il ne s'égarerait pas en lieux communs, vagues et pédantesques; il n'intitulerait pas ce mémoire du nom ridicule *de testament politique;* il ne le signerait pas d'une manière dont il n'a jamais signé. Il est plaisant qu'on ait fait dire au cardinal de Richelieu, dans ce ridicule testament, tout le contraire de ce qu'il devait dire et rien de ce qui était de de la plus grande importance. Rien du comte de Soissons; rien du duc de Weimar; rien des moyens dont on pouvait soutenir la guerre dans laquelle on était embarqué; rien des huguenots qui lui avaient fait la guerre et qui menaçaient encore de la faire; rien de l'éducation du dauphin, etc., etc. Je ne finirais pas si je voulais rapporter tous les péchés d'omission et de commission qui sont dans ce détestable ouvrage.

Je ne suis point du tout surpris, monsieur, que l'abbé de Bourzeis se soit servi de quelques expressions du cardinal. Corneille lui-même en a pris quelques-unes. J'ai vu cent petits maîtres prendre les airs du maréchal de Richelieu, et je vous réponds qu'il y avait cent pédants qui imitaient le style du cardinal. Si le cardinal a souvent dit fort trivialement, *qu'il faut tout faire par raison* (malgré le sentiment du père Canaye), il est tout naturel que l'abbé de Bourzeis ait copié cette pauvreté de son maître. Au reste, monsieur, je hais tant la tyrannie du cardinal de Richelieu, que je souhaiterais que le testament fût de lui afin de le rendre ridicule à la dernière postérité. Si jamais vous trouvez des preuves convaincantes qu'il ait fait cette impertinente pièce, nous aurons le plaisir, vous et moi, de juger qu'il fallait plutôt le mettre aux petites maisons, que sur le trône de France, où il a été réellement assis pendant quelques années. Je vous garderai le secret et vous me le garderez.

Je vous demande en grace de faire mes compliments au philosophe orateur et poëte, M. Thomas, dont je fais plus de cas que de Thomas d'*Acquin*.

Je vous réitère mes remerciements et les assurances de mon attachement inviolable.

Laissons-là le cardinal de Richelieu tant loué par notre académie, et aimons Henri IV, votre compatriote et mon héros. V.... Voltaire.

LETTRE XXIX.

AU MÊME.

A Ferney, 4 avril 1768.

Monsieur le duc de Choiseul a eu la bonté, monsieur, de me mander qu'il me ferait communiquer les pièces dont j'aurais besoin; mais malheureusement je n'ai presque plus besoin de rien, à présent que toute l'histoire militaire et politique de Louis XIV est imprimée; il ne reste plus que le jansénisme et le quiétisme sur lesquels il faut se contenter de jeter tout le ridicule qu'ils méritent.

J'ai écrit à M. le duc de Choiseul que je ne lui demandais que deux ou trois lettres d'un *furfante italiano* nommé Giory, écrites de Rome à M. de Torcy, au mois de janvier ou février 1699, contre le cardinal de Bouillon, son bienfaiteur; c'est ce qui fut la cause de la longue disgrace de ce cardinal.

Si vous avez pu, monsieur, vous résoudre à lire toutes ces archives des bêtises théologiques et des friponneries de prêtres, je me recommande à vos bontés, en cas que vous y trouviez quelque chose qui puisse augmenter le profond mépris qu'on doit avoir pour ces pauvretés. Je suis pénétré pour vous de reconnaissance autant que d'estime. VOLTAIRE.

www.ingramcontent.com/pod-product-compliance
Lightning Source LLC
Chambersburg PA
CBHW050646170426
43200CB00008B/1183